사건 파일
명화 스캔들

사건 파일
명화 스캔들

처음 찍은날 2023년 1월 16일
처음 펴낸날 2023년 1월 27일

글 양지열
펴낸이 최금옥
기획 장세현
편집 김지선
디자인 구민재page9
펴낸곳 도서출판 이론과실천
등록 제10-1291호
주소 (07207)서울시 영등포구 양평로21가길 19 선유도우림라이온스밸리 B동 512호
전화 02-714-9800 | **팩스** 02-702-6655
전자우편 e-shil2015@daum.net

ISBN 978-89-313-6078-3 03300

책값은 뒤표지에 있습니다.
잘못된 책은 바꾸어 드립니다.

사건 파일 명화 스캔들

글 양지열

이론과실천

작가의 말

텔레비전, 신문, 라디오 뉴스에는 날마다 이런저런 사건들이 등장합니다. 절도, 사기, 강도처럼 재산을 탐해서 벌어지는 사건도 있고, 어긋난 성적 충동으로 상대방에게 씻기 어려운 몸과 마음의 상처를 주는 사건도 있습니다. 사소한 오해나 원망이 쌓인 끝에 사람을 다치게 하거나 목숨까지 빼앗는 불행한 일도 있습니다.

어떤 사건이든 인간의 갖가지 욕망과 감정이 얽혀 있는데요. 되도록 차가운 이성의 잣대로 이를 풀기 위해 만든 것이 바로 법입니다. 하지만 법 역시 사람이 만든 것이라 완전하지 않습니다. 그래서 법을 둘러싼 논란은 끊이지 않습니다. 같은 사안을 두고도 처벌이 너무 가볍다, 혹은 너무 무겁다는 얘기부터 법이 더 적극적으로 나서야 한다, 아니 함부로 끼어들면 안 된다는 반대의 목소리도 있습니다. 서로의 주장이 날카롭게 부딪치는 가운데 인간의 본성이 드러나기도 하고, 어떻게 살아야 할지 크고 작은 깨달음을 얻기도 합니다.

사건과 재판을 뉴스로 보도하고 기록하는 이유는 바로 여기에 있지 않을까 싶습니다. 안타까운 이야기들이지만 또한 그대로의 진실이니까요. 보고, 듣고, 나누면서 함께 사는 세상을 고민하게 되지요. 어디를 어떻게 바라보며 살아야 할지 방향을 찾아보기도 하고요. 날마다 수정증보판이 나오는 교재라고나 할까요?

인간의 희로애락은 화가들의 주된 관심사이기도 했습니다. 그리스 로마 신화, 성서, 당대에 벌어진 굵직한 사건들을 화폭에 담았습니다. 이 그림 속을 거닐다 보면 놀라울 정도로 인간의 본질이 달라지지 않았다는 사실을 발견할 수 있습니다. 온고지신(溫故知新), 옛것을 돌아보면서 오늘을 새롭게 한다고 했던가요. 오늘을 사는 우리에게 이 작품들은 삶에 대해 깊이 있는 질문과 생각할 거리를 던져줍니다.

그림은 문자보다 오래된 기록 매체입니다. 동굴 벽화 시절부터 인류는 그림으로 기록을 남겼지요. 현대에 들어 사진, 영상 등이 그

자리를 대체하기 전까지 그림은 무엇보다 요긴한 표현 수단이었습니다. 게다가 대단히 압축적이지요. 한 폭의 그림을 풀어서 읽다 보면 한 편의 드라마가 나오기도 합니다. 시각 예술로서의 작품성만 보기에는 아까운 것들이 많습니다.

뉴스를 해설하다 우연히 그런 생각이 떠올랐습니다. 그림을 통해 세상에서 벌어지는 법적 쟁점을 훨씬 깊게 보여드릴 수 있겠다 싶었습니다. 그렇게 시작된 SBS 라디오 〈김태현의 정치쇼〉의 한 코너 '살롱 드 지'가 1년을 훌쩍 넘겼습니다.

매주 그림 사냥에 나서도록 만들어 준 제작진, 스스로를 낮추어 그림을 빛나게 해준 김태현, 백성문, 최단비 변호사, 그리고 전파로 흩어졌을 내용을 글로 모이게 도와준 장세현 작가님께 이 자리를 빌려 감사드립니다.

차례

제2부 명화로 세상 읽기

제3부 세상에 길을 물을 때

제4부 한 폭의 그림은 한 편의 드라마

제1부

크고 작은 사건들 속에서

아직도 저녁이면

무사히 돌아오기만을

기도하는 사람들이 많습니다.

책임 있는 사람들이

그런 기도들에 더욱 귀 기울일 때

우리는 저녁이 있는 평안한 삶을

누릴 수 있을 겁니다.

임금님 귀는 당나귀 귀

프리마티치오의 〈미다스왕의 심판〉

모욕죄나 명예훼손죄는 나쁜 말로 누군가에 대한 사회적 평판을 떨어뜨리는 범죄입니다. 주변 사람들에게 "그 사람 참 몹쓸 인간이군!"이라고 생각하게 만드는 거지요.

법원에서 이 죄를 판단할 때 가장 중요한 쟁점으로 다투는 게 있습니다. 법률 용어로 전파 가능성이라 하는데요. 누군가에 대해 안 좋은 이야기를 딱 한 사람에게 하더라도 그 사람이 그 말을 전할 가능성이 높다면 명예훼손죄, 모욕죄가 될 수 있습니다. 반면에 한 사람만 들을 수 있게 귓속말로 욕설을 하면 그건 모욕죄가 아닙니다. 제삼자가 듣지 않았으므로 전파 가능성이 없기 때문이지요.

이처럼 모욕죄나 명예훼손죄 사건에서 가장 핵심이 되는 건 바로 전파 가능성인데요. 이와 관련해 읽어볼 그림이 있습니다. 이탈리아의 화가 프란체스코 프리마티치오(Francesco Primaticcio, 1505~1570)가 그린 〈미다스왕의 심판〉이지요. 미다스가 누군지는 잘 아실 거예요. 신에게 잘못된 소원을 빌었다 만지는 것마다 족족 황금으로 변하는 저주를 받은 인물입니다. 사랑하는 딸마저 황금으로 만들어 버린 그는 자신의 잘못을 깨닫고 신의 용서를 구하지요. 반성하는 마음으로 강물에 손을 씻고야 겨우 저주에서 풀려났어요.

그 뒤 황금 만능주의에서 벗어나 '나는 자연인이다.'를 외치며 살게 됩니다. 그러면서 반인반수의 신인 판과 가까워지는데요. 하반신은 염소, 상반신은 사람인 존재였습니다. 판은 음악을 좋아했는데요. 들판에서 꺾은 갈대를 엮어 만든 관악기를 즐겨 연주했습니다. 오늘날 팬플루트가 바로 그 악기라고 해요. 판은 자신의 음악에 너무 심취한 나머지 음악의 신인 아폴론과 맞짱을 뜰 실력이라고 만용을 부렸습니다. 급기야 지금으로 치면 음악 경연 대회가 열렸는데요.

그림을 살펴보면 왼쪽이 아폴론, 오른쪽이 판입니다. 염소 다리를 가진 판을 금방 알아보시겠지요? 심판을 맡은 산신을 비롯해 그 자리에 모인 다른 모든 이는 아폴론의 손을 들었는데요. 미다스만은 좀 눈치가 없었던 모양이에요. 주변의 만류에도 불구하고 "저는 판의 연주가 더 좋은데요!"라면서 반대했다네요. 그래서 화가 난 아폴론이 귀를 잡아당겨 길고 커다란 당나귀 귀로 만들어 버렸어요. 그림 중앙에 있으면서 오른편을 가리키는 인물이 미다스예요. 이미

프란체스코 프리마티치오, 〈미다스왕의 심판〉

1540-1545, 패널에 유화, 107.5×143.4센티, 개인 소장

귀가 변했잖아요.

그다음부터는 동화로 굉장히 잘 알려진 이야기랍니다. 임금은 귀를 숨기기 위해 머리를 길렀지만, 이발사에게만큼은 감출 수가 없었지요. 자신의 비밀을 절대 이야기하면 안 된다고, 함부로 떠들면 가만두지 않겠다고 잔뜩 겁을 주었답니다. 이발사는 임금님과 약속을 하고 머리를 다듬어 주었는데요. 날이 갈수록 입이 간질간질해서 미칠 지경이었답니다.

참다못한 이발사는 아무도 없는 들판에 나가서 깊이 구덩이를 팠고요. 그 안에 대고 "임금님 귀는 당나귀 귀"라고 속 시원하게 소리를 질렀습니다. 속에 담아 놓아서 점점 커지는 응어리를 풀어 놓은 겁니다. 문제는 거기서 끝난 줄 알았는데 그게 아니었지요. 구덩이를 메운 땅 위로 갈대밭이 생겼고요. 바람이 불 때마다 갈대밭이 노래를 불렀습니다. "임금님 귀는 당나귀 귀"라면서요!

어릴 때 들어봤을 이 동화의 주인공이 바로 미다스였습니다. 그런데 놀랍게도 이 이야기는 우리나라에도 있답니다. 『삼국유사』에 신라 경문왕의 귀가 당나귀 귀였다는 내용이 나오거든요. 다른 점이라면 이발사가 아니라 모자 장수에게 비밀을 알릴 수밖에 없었고요. 갈대밭이 아니라 대나무숲에서 바람이 불 때마다 "임금님 귀는 당나귀 귀"라는 외침이 들리기 시작했다는 정도랍니다.

키르기스스탄의 한 지역에도 비슷한 얘기가 있는데요. 거기서는 우물에 대고 소리를 지르는 바람에 나중에 우물이 넘쳐 호수가 됐다고 한답니다.

이렇게 온 세계에 비슷한 얘기가 있는 이유는 뭘까요? 사람의 말은 한 번 입 밖으로 나오면 끝없이 퍼져 나가기 마련이라는 뜻이겠지요. 인터넷도 없던 그 옛날 사람의 입을 타고 흘러 그리스 지역에서 신라까지 갔잖아요. 앞에서 쓴 법률 용어를 빌리자면 전파 가능성이 그만큼 높다는 뜻인데요.

현대 사회에서는 그 수준이 더욱 심각해졌습니다. 카카오톡, 문자 메시지, SNS, 게시판, 포털 사이트의 댓글에 무심코 던지는 말들이 누군가에게는 상처를 주고, 순식간에 많은 사람에게 퍼집니다. 또한 잘못을 저지른 사람 역시 쉽게 잡히기도 합니다. 디지털 증거인 탓에 분명하게 남고, 전파 가능성은 엄청 높습니다. 이를 해결할 방법이 없을까 변호사로서 고민이 되곤 합니다. 그 힌트를 미다스 왕의 마지막 이야기에서 찾아보면 어떨까 싶습니다.

당나귀 귀가 된 미다스는 그 뒤 어떻게 됐을까요? 여러 버전이 있지만, 좋아하는 결말은 이렇습니다. 갈대밭의 외침을 듣게 된 미다스는 영원히 지켜지는 비밀이란 없다는 깨달음을 얻습니다. 자신에 관한 말이 퍼지는 것을 막을 방법도 없음을 깨닫지요. 그럴 바에야 크고 커다란 귀로 남의 말을 잘 들어야겠다고 결심합니다. 자기주장을 남에게 고집하기 전에 다른 사람 입장부터 듣기로 한 거지요. 그 덕에 훌륭한 왕으로 거듭났다는 훈훈한 마무리입니다.

일상생활에서 우리는 자기주장을 남에게 전하기 좋아합니다. 물론 필요한 일이지요. 소통하면서 관계가 만들어지니까요. 그런데 그러려면 듣기도 해야 하잖아요. 상대적으로 다른 사람의 말에 귀

기울이는 데 소홀하기 쉽습니다. 미다스처럼 다른 사람의 말에 조금 더 주의를 기울이려고 노력한다면, 서로를 존중하는 조화로운 세상을 만들 수 있지 않을까요?

가수 아이유와 빚의 대물림

바실리 페로프의 〈트로이카〉

가수 아이유가 주연을 맡은 〈나의 아저씨〉라는 드라마가 있습니다. 극 중에서 '지안' 역할을 맡은 아이유는 돌아가신 부모님이 남긴 빚을 갚으려고 갖은 고생을 하는데요. 어려서 엄마를 잃었지만, 자신이 떠안은 빚을 갚느라 하루에 세 번씩이나 아르바이트하는 장면이 나옵니다.

참으로 안타까운 일인데요. 애초에 법적으로는 이런 상황을 피할 수 있는 길이 있습니다. 현재 우리 법은 '법정 상속 제도'를 취하고 있습니다. 즉 어떤 사람이 죽으면 따로 유언이 없더라도 법에 정해 놓은 사람이, 법으로 정해 놓은 만큼의 유산을 물려받습니다. 권리뿐만 아니라 의무도 한꺼번에 받는 바람에 종종 문제가 생기는데요. 극 중 아이유처럼 재산이 아니라 빚만 잔뜩 떠안는 경우도 종종 생겨납니다.

법률상 상속은 세 가지로 나뉩니다. 단순승인, 한정승인, 상속 포기입니다. 단순승인은 망자의 모든 것을 있는 그대로 가져가는 것입니다. 반면 한정승인은 권리와 의무를 망자가 남긴 재산 범위 안에서 따지는 겁니다. 쉽게 말해 돌아가신 분이 재산과 빚을 동시에 남겼을 경우 상속받은 재산의 한도 내에서만 빚을 청산하는 것이지요. 부모님이 돌아가셨는데 재산이 얼마만큼 있는지 모를 수 있잖아요. 뜻밖의 빚이 튀어나올 수도 있고요. 그런 경우 한정승인을 하면 상속받은 재산 외에는 더 이상의 채무를 책임질 필요가 없는 거지요.

한편 유산을 전혀 기대할 수 없고 빚만 떠안게 된다면 반드시 상속 포기를 해야만 합니다. 이때 주의할 점이 있는데요. 상속받을 사람 모두가 포기해야 합니다. 할아버지가 돌아가셨다면 아버지는 물론 손자녀까지 전부 해야 하지요. 상속 자격이 있는 사람이 하나라도 남아 있으면 그가 몽땅 책임져야 할 수도 있거든요. 간혹 태산 같은 빚더미를 비관해 스스로 목숨을 끊는 경우가 있는데 그가 죽었다고 빚이 없어지는 게 아니라 그것이 자녀에게로 상속됩니다. 자녀가 상속 포기를 하지 않으면 그대로 빚을 떠안게 되는 겁니다.

그런데 상속 포기나 한정승인은 때를 놓치지 말아야 합니다. 망자가 세상을 떠나고 3개월 안에 법원에 신고해 허락을 받아야 합니다. 사람들은 종종 기한을 놓쳐 발을 동동 구르곤 하지요. 특히 미성년자의 경우가 그렇습니다. 어린 나이에 갑작스레 부모님을 잃었다고 생각해 보세요. 누군가 곁에서 도움을 주지 않는 한 이런 제도가 있다는 사실조차 모를 겁니다. 부모님을 여의고 어렵게 자랐는데 어른이 되자마자 빚쟁이들이 찾아온다고 생각해 보세요. 드라마 속 주인공 아이유가 겪는 일을 똑같이 겪게 될 겁니다.

이런 참담한 상황을 막기 위해 이번에 국가에서 법 개정에 나섰습니다. 이름하여 '빚 대물림 방지법'이지요. 다시 말해, 미성년자의 경우 바로 빚이 상속되지 않도록 한 건데요. 어른이 된 후에 빚을 물려받았다는 사실을 알았다면 그때 한정승인을 받도록 법 개정을 한 것이랍니다.

아주 바람직한 개정이지만 뒤늦은 감이 있습니다. 법 개정이 되지 않아 그동안 얼마나 많은 어린 자녀들이 빚 대물림 때문에 고초를 겪었을까요? 이들의 고난에 찬 삶을 유추해 볼 수 있는 그림이 있습니다.

19세기 러시아 화가 바실리 페로프(Vasily Grigorevich Perov, 1833~1882)의 작품 〈트로이카〉입니다. 그림을 보면 한눈에도 힘든 상황에 놓인 아이들이라는 사실을 알 수 있는데요. 트로이카라는 말은 보통 어떤 분야에서 잘나가는 삼인방을 가리킬 때 쓰곤 하지요. 이를테면 한류를 이끄는 '댄스 가수 트로이카' 혹은 '축구 국가대표 트로이카'라는 식으로 말이지요.

본래 트로이카는 세 마리 말이 끄는 마차를 가리킵니다. 무거운 짐을 실어 나르기 위해 가장 힘이 센 녀석을 가운데 세우고, 나머지

바실리 페로프, 〈트로이카〉

1866, 캔버스에 유화, 51.5×65.8센티, 러시아 모스크바 트레티야코프 갤러리

두 마리가 보조하지요.

그런데 그림을 한번 보세요. 제목은 트로이카인데 말 대신 아이들이 등장합니다. 가장 키가 큰 아이가 가운데를 맡았고요. 왼쪽 검은 옷차림의 아이는 금방 쓰러지기라도 할 것처럼 위태로워 보입니다. 오른쪽 여자아이는 넋을 잃은 표정이고요. 그들이 끌고 있는 것은 물이 든 커다란 통들입니다. 얼어붙은 빙판길이라 바퀴 달린 마차 대신 썰매에 물통을 실었습니다.

사회에 들어와 온갖 고초를 겪는 일을 비유하여 흔히 '세파에 시달린다.'라는 표현을 쓰지요. 세 아이는 웬만한 성인도 상상하기 힘든 러시아의 차가운 겨울바람을 온몸으로 맞고 있습니다. 아이들이 감당하기 어려운 삶의 무게를 짊어진 채 말 그대로 세파에 시달리고 있지요.

하루아침에 부모를 잃고 빚까지 떠안은 채 세상에 던져진다면 그림 속 아이들과 딱히 다르지 않을 겁니다. 수레 위의 커다란 물통처럼 빚을 이고 지고 가는 수밖에 없는 상황일 겁니다. 그런 혹독함을 벗어날 수 있도록 법을 고친다니 참으로 반가운 일이지요.

다시 한번 그림을 살펴보면 그나마 희망적인 부분을 찾을 수 있습니다. 누군가 썰매 뒤에서 힘껏 밀어주는 이가 있습니다. 잘은 모르지만, 아이들을 돕는 어른일 테지요. 앞에서 힘겹게 통을 끄는 아이들에겐 뒤를 받쳐주는 든든한 버팀목이 있다는 사실만으로 큰 위안이 될 것입니다.

상속에 관한 법을 고치는 일도 마찬가지입니다. 어려움에 빠진 미성년자에게 희망을 안겨주는 일이겠지요. 이번 법안 개정이 부모도 없이 세상에 내동댕이쳐진 아이들에게는 이 그림 속 어른처럼 뒤에서 살짝 밀어주는 힘이라도 되면 좋겠다는 기대를 품어봅니다. 법이란 그래야 하는 겁니다. 난관에 빠진 사람들에게 힘이 되고 버팀목이 되어주어야 합니다.

그런 측면에서 화가 바실리 페로프의 행적은 큰 시사점을 남겼습니다. 그는 젊은 미술가 그룹인 '이동파'의 일원이기도 했는데요. 스마트폰은 고사하고 텔레비전도 없는 시절에 그림은 거의 유일한 영상매체였습니다. 그나마 대도시의 신분 높은 사람들이 누리는 사치였지요. '이동파' 화가들은 그런 예술을 대중 곁으로 가져가기 위해 그림들을 싣고 지방 곳곳을 돌며 전시회를 열었습니다. 사각지대의 대중이 문화생활을 즐길 수 있도록 스스로 찾아간 것이지요. 그래서 '이동파'란 별칭이 붙은 겁니다.

법이나 행정 역시 '이동파' 미술가들의 행적을 본받을 필요가 있습니다. 국민 곁으로 한 발 더 가까이 다가가 어려움에 빠진 사람들의 사정을 따뜻이 보살필 필요가 있습니다. 21세기 대한민국에서 더 이상 〈나의 아저씨〉 속 아이유 같은 사연이 만들어지지 않도록 말입니다.

의심 대신 관심을 주세요

주세페 크레스피의 〈큐피드와 프시케〉

'유흥 탐정'이라고 들어보셨나요? 여성을 주요 고객으로 삼아 배우자, 또는 남자친구가 혹시 성매매 업소에 드나들지 않았나를 알려주는 서비스입니다. 남성의 전화번호를 성매매 업소의 데이터베이스에 입력된 정보와 비교하면 출입 여부를 알 수 있다고 합니다. 이는 곧 업소를 찾는 남자들의 개인정보를 가지고 있다는 건데요. 은밀하게 이루어지는 일인 만큼 3만 원~10만 원 정도를 내면 상당히 구체적인 정보를 알려준다고 광고합니다.

물론 얼마나 믿을 수 있을지는 의심스럽습니다. 가지도 않았는데 생사람을 잡는 바람에 법적 분쟁을 일으킨 사례도 있고요. 무엇보다 그런 서비스 자체가 개인정보 보호법 위반입니다. 그런데도 꽤 많은 여자분이 이용했다고 하네요. 가장 믿고 의지해야 할 배우자 혹은 남자친구조차 믿지 못하고 의심의 눈초리를 보내야 하는 세태가 씁쓸하기만 합니다.

의심은 더 큰 의심을 낳곤 합니다. 그리스 신화에도 의심에서 비롯된 비극적인 이야기가 있습니다. 주세페 크레스피(Giuseppe Maria Crespi, 1665~1747)의 〈큐피드와 프시케〉는 이를 소재로 한 작품입니다.

전체적으로 그림의 배경이 어둑어둑해서 뭐가 뭔지 첫눈에 알기는 어렵습니다. 가만히 보면 알몸의 남녀가 있는데요. 여자 쪽이 조금 더 환한 모습인데 어쩌면 왼손에 든 등잔불의 효과인 듯합니다. 그녀는 지금 오른손으로 이불을 확 들추고 있어요. 이에 놀랐는지 남자가 손을 뻗어 자신을 감추려는 듯한 몸짓을 하지요. 다행히 어둠 속에 가려져 얼굴을 알아보기는 어렵지만, 남자의 등쪽에 날개가 달린 걸 보니 사람은 아닌 모양입니다.

이 남자는 바로 사랑의 신으로 유명한 큐피드지요. 여자는 그와 사랑에 빠진 프시케입니다. 연인 사이인 둘은 어쩌다 이런 장면을 연출하게 되었을까요?

프시케는 본래 그리스 어느 왕국의 공주였지요. 그녀는 일찍이 빼어난 미모로 나라 안팎에 소문이 자자했는데요. 그 바람에 미의 여신 아프로디테의 질투를 산 겁니다. 아름다움으로 칭송을 받아야 할 여신 대신 인간이 그 자리를 차지했으니까요. 그리스 신화의 신들은 어쩌면 그렇게 인간들보다 더 인간적인 감정에 휘둘리는지 모

주세페 크레스피, 〈큐피드와 프시케〉

1709, 패널에 유화, 130×215센티, 이탈리아 피렌체 우피치 미술관

르겠습니다.

아무튼 아프로디테는 시기심에 사로잡혀 아들 큐피드로 하여금 프시케에게 몹쓸 장난을 치도록 시켰는데요. 큐피드의 특기가 뭔가요? 납으로 된 화살촉과 황금으로 된 화살촉을 가지고 엉뚱한 사랑에 빠지도록 하는 거잖아요. 큐피드는 그럴 계획을 세우고 한밤중에 프시케를 찾아갔는데요. 사랑의 화살을 쏘려고 하는 순간 갑자기 프시케가 눈을 뜨는 바람에 흠칫 놀라 실수로 제 가슴을 황금 화살촉으로 찌르고 말았습니다. 눈앞에 있는 프시케와 사랑에 빠진 거지요. 물론 그녀의 빼어난 미모에 반하기도 했을 겁니다.

결과적으로 어머니의 뜻을 거스르게 된 큐피드는 고뇌에 잠겼습니다. 아프로디테가 알게 된다면 막장 드라마의 대사처럼 '내 눈에 흙이 들어가도 이 사랑 반댈세!' 하고 나올 게 뻔했으니까요. 비록 실수였지만 자신이 사랑하게 된 프시케가 어머니에게 미움받는 게 싫었지요.

고민 끝에 큐피드는 한 가지 꾀를 냈는데요. 프시케에게 황당한 신탁을 받도록 만들었습니다. 산꼭대기에 있는 괴물에게 자신을 바쳐야 한다는 신탁이었지요. 신의 뜻이라고 받아들인 프시케는 마지못해 산으로 향했습니다. 물론 이 모든 게 그녀를 빼돌리려는 큐피드의 계획이었지요.

산에 오른 프시케는 멋지고 아름답게 꾸며진 커다란 저택에 도착했습니다. 모습은 보이지 않지만 어디선가 들려오는 목소리들이 시중을 들기 시작했고요. 먹고 마실 것을 비롯해 무엇 하나 부족함이 없었습니다.

이윽고 해가 저물고 어둠과 함께 한 남자가 찾아왔습니다. 괴물을 기다리던 프시케에게 뜻밖에도 이 남자는 무척이나 자상한 존재였지요. 뜨거운 사랑을 나누고 잠이 들었는데 눈을 떴을 때는 혼자였습니다. 동이 트기 전 새벽 무렵 남자가 소리 없이 떠난 겁니다. 그 후로도 남자는 어두운 밤에만 프시케 곁에 머물렀습니다. 남자는 괴물이 아니라 바로 큐피드였습니다. 그는 혹시라도 이 소문이 어머니 아프로디테의 귀에 들어갈까 봐 두려워했지요. 그래서 절대로 얼굴을 보여주지 않았습니다.

한편 프시케는 떠나온 가족들이 그리웠습니다. 자신이 괴물에게 잡혀 죽었다고 생각할 텐데 이렇게 잘살고 있노라 자랑하고 싶기도 했고요. 그녀는 큐피드에게 부탁해 언니들을 초청하게 됩니다. 아름다운 저택에 도착한 언니들은 처음엔 무척 기뻐했지요. 동생이 아주 멀쩡하게 지내고 있으니까요. 그런데 집 안을 둘러보다가 그만 질투에 사로잡힙니다. 온통 멋지고 화려한 명품으로 가득 차 있었거든요.

얘기를 나누던 언니들은 프시케가 그때까지도 남편의 정체를 모르고 있다는 사실을 알게 되었어요. 언니들은 프시케에게 의심하는 마음을 품도록 부추겼습니다. 정말로 괴물이면 어떡하느냐, 자는 동안 해치우고 빠져나오는 게 살길이다, 뭐 그런 식이었겠지요. 의심하는 마음은 참으로 무섭습니다. 한 번 마음속에 심어지면 자기도 모르는 사이 슬금슬금 자라납니다.

결국 프시케는 큐피드의 정체를 확인하기로 마음먹었습니다. 등잔을 들고 곤하게 잠이 든 큐피드의 이불을 걷었습니다. 괴물은 커녕 아름다운 미소년의 얼굴이 드러났는데요. 잠이 깬 큐피드가 손을 뻗어 불빛을 가리는 그 당황스러운 순간을 이 작품은 묘사한 겁니다. 그다음은 어떻게 되었냐고요? 안타깝게도 큐피드는 "사랑은 의심과 함께 머물 수 없다."라고 말하며 떠나 버립니다. 아름답던 저택은 순식간에 폐허로 변했고요. 후회는 언제나 뒤늦은 법이지요.

이런저런 이유 때문에 이성 친구, 배우자의 '정체'를 확인해 보고 싶은 경우가 종종 있습니다. 휴대전화, 이메일을 몰래 열어보기도 하고요. 자동차에 위치 추적기를 부착하거나 스마트폰에 몰래 앱을 깔아 놓기도 합니다. '유흥 탐정' 역시 그런 일들 가운데 하나겠지요.

그런데 문제는 의심이 사실이든 아니든 중요치 않습니다. 파경은 그런 일 자체를 벌이는 데부터 시작되거든요. 큐피드와 프시케처럼 말입니다. 사랑하는 마음은 상대방에 대한 믿음과 일맥상통하는 법이지요. 게다가 '유흥 탐정'이 벌이는 짓은 개인정보 보호법, 통신비밀 보호법 등 형법에서 금지하는 범죄들입니다. 사랑은 깨지고 전과만 남을 수 있지요.

사랑하는 사람에 관해 궁금증이 생기는 건 당연한 일이지요. 알면 알수록 알고 싶어지기도 하고요. 그래서인지 자칫 의심으로 빠지기도 쉽습니다. 옆에서 누군가 부추길 수도 있고요. 인터넷 커뮤니티에서 기구한 사연을 읽다 불안한 마음이 들 수도 있습니다.

그럴 때 의심에 빠지는 대신 서로에게 기대어 그날의 일들을 말하고 들어주면서 상대의 목소리에 귀를 기울이는 건 어떨까요? 의심이 아니라 관심을 가지는 겁니다. 서로 공감하고 위로해 주면서 두런두런 대화를 나누다 보면 일방적인 탐정 놀이로는 도저히 볼 수 없는 상대의 내면 깊숙한 곳을 들여다볼 수 있을 겁니다.

야곱의 사다리? 욕망의 사다리!

윌리엄 블레이크의 〈야곱의 사다리〉

유치원 졸업을 하고 나면 우리의 인생은 시험의 연속입니다. 초등학교, 중학교, 고등학교 등 학창시절은 물론이고 대학을 졸업한 뒤에는 취업을 위해 시험을 치러야 하고, 하는 일에 따라서는 직장에 들어간 이후에도 이런저런 시험을 치러야 합니다. 특히 대학 입시처럼 자신의 인생에서 큰 갈림길이 될 수 있는 중요한 시험일 경우 수많은 시간과 노력을 기울여야 합니다. 취업도 마찬가지지요.

이런 큰 시험을 치르다 보면 정신적인 스트레스가 이만저만이 아니기 때문에 별의별 생각이 다 듭니다. 성적에 대한 열망이 강할 땐 간혹 엉뚱한 상상도 하지요. '시험지를 미리 받아볼 수 없을까?' 하는 상상 말이지요. 시험에 무슨 문제가 나올지 안다면 손쉽게 높은 점수를 받을 수 있으니까요.

누구나 한 번쯤 해보았을 이런 상상은 그저 상상에 그치는 게 일반적입니다. 그런데 아주 가끔은 상상을 실행에 옮기는 사람들이 있어요. 용감하다 못해 무모하다고 해야겠지요. 시험지를 획득하는 방법은 다양합니다. 시험지를 보관해 놓은 교무실로 몰래 숨어 들어가 직접 훔치는 경우도 있고, 학부모가 돈을 주고 선생님의 양심을 사는 경우도 있습니다.

몇 년 전에는 학교 선생님인 부모가 그 학교에 다니는 자녀를 위해 시험지를 빼돌리는 사건이 벌어져 사회적 공분을 산 일도 있습니다. 최근에는 학생 두 명이 공모해 선생님의 컴퓨터를 해킹하여 시험지를 빼내는 기상천외한 사건이 벌어져 사람들이 경악한 일도 있습니다. 그런 머리로 공부를 할 것이지 왜 사회적 지탄의 대상이 되는 부정행위를 저질렀는지 고개를 절레절레 흔들게 만듭니다.

이런 사건을 벌인 당사자들의 행위는 '컨닝'이라는 가벼운 말로 끝나지 않습니다. 학생의 성적을 평가해야 하는 학교의 일을 방해한 혐의로 형법상 업무방해죄로 처벌을 받습니다. 해킹을 통해 시험지를 빼냈다면 정보통신망법 위반도 되지요.

학생들뿐 아니라 학부모나 선생님들까지 왜 그런 유혹에 빠지는 걸까요? 좋은 대학을 나와야 좋은 직장을 얻을 수 있다는 집착 때문일까요? 아니면 부정행위를 저질러서라도 높은 성적을 받고 보자는 도덕적 불감증 때문일까요? 과정이야 어떻든 결과만 좋으면 상관없다는 것인지, '스카이캐슬'에 오르기 위해서라면 어떤 수단과 방법이라도 정당화된다고 여기는 건 아닌지 입맛이 씁쓸합니다.

이런 세태와 맞물려 영국의 시인이자 화가인 윌리엄 블레이크(William Blake, 1757~1827)의 그림 〈야곱의 사다리〉는 큰 시사점을 던져줍니다.

그림을 보면 신비로운 분위기입니다. 허공에 떠 있는 나선형의 계단이 지상과 천상의 저 높은 곳을 잇고 있습니다. 계단은 별들이 뜬 푸른 하늘을 가로질러 태양인 듯 강력한 빛을 뿜는 신비로운 공간에 닿아 있네요. 눈으로 볼 수 있는 밤하늘 그 너머의 세계를 작가는 무한한 상상력을 발휘하여 관객들에게 펼쳐 보여줍니다. 지상과 천상을 잇는 계단을 마음대로 오르내리는 존재들 역시 보통의 인간은 아니겠지요. 어깨 위에 날개가 달린 이들은 천사인가 봅니다.

화가는 어디서 이런 작품을 그릴 영감을 얻었을까요? 구약성서에 등장하는 이야기인데요. 들판에서 잠이 든 야곱은 꿈속에서 천사들이 오가는 사다리를 보았다고 하지요. 그 꿈 덕분일까요? 신으로부터 큰 축복의 선물이 내려집니다. 야곱이 잠들었던 그 땅을 그와 그 후손들에게 주었지요.

이 작품은 바로 야곱이 꿈에서 보았다는 그 사다리를 묘사하고 있습니다. 첫눈에 봐도 그림이 굉장히 환상적이고 독특한 분위기를 연출하고 있지요. 우리가 흔히 보던 명화와는 결이 완전히 다른 작품이에요. 그 이유는 화가에게 있답니다.

이 그림을 그린 윌리엄 블레이크는 아주 특별한 사람이었는데

윌리엄 블레이크, 〈야곱의 사다리〉

1805, 잉크와 펜, 수채, 37×29.2센티, 영국 런던 내셔널 갤러리

요. 어렸을 때부터 신, 악마의 환영을 보았다고 주장했습니다. 그가 그린 그림, 써 내려간 시를 접한 주변 사람들은 그가 미쳤다고 했지요. 그러거나 말거나 블레이크는 자기 세계를 고집했는데요. 남들도 다 보고 그릴 수 있는 산과 강, 들판이라면 그리지 않겠다고 선언했을 정도입니다. 자신이 본 환상과 상상력으로 그만의 아주 특별한 그림들을 그렸습니다. 판타지를 소재로 한 21세기의 영화나 애니메이션에서 볼 만한 작품들을 19세기에 이미 보여준 거지요. 시인이기도 한 블레이크는 '한 알의 모래에서 우주를, 한 송이 들꽃에서 천국을 본다.'라고 했는데요. 이 작품을 보면 그가 얼마나 고집스레 자신만의 우주를 찾아 헤맸는지 알 수 있습니다. 그는 결국 독특한 작품 세계를 통해 천국으로 향하는 길을 얻었습니다.

야곱 또한 그림에서 보는 것처럼 이 사다리를 통해 천국으로 통하는 길, 신의 축복이라는 큰 행운을 얻은 거지요. 그렇다면 야곱은 어떤 인물이기에 신으로부터 그런 축복을 받은 걸까요? 놀랍게도 그는 특별한 재능을 가진 것도 아니고, 아주 선하기만 한 사람도 아니었습니다. 큰아들이 받아야 할 축복을 탐내 아버지를 속이기까지 했으니까요.

하지만 집념 하나만큼은 대단했습니다. 그는 여행길에서 정체를 알 수 없는 어떤 존재와 마주치고 힘겨루기를 하게 되는데요. 미지의 존재가 아주 특별한 능력의 소유자라는 낌새를 알아차리고는 야곱이 밤이 새도록 붙들고 놓아주지 않았습니다. 지친 천사가 야곱의 뼈를 때려 어긋나게 만드는 반칙을 썼을 정도로 말이지요. 결국 그는 '신과 싸워 이긴 사람'이라는 칭송을 받게 되었습니다. 굳이 종교적인 해석이 아니더라도 그 정도 집념을 지녔기에 신의 축복을 받은 건 아닐까요? 여간해서는 천사를 지치게 만들 수 없을 테니까요. 요컨대 그저 운이 좋아 우연히 신의 사다리를 발견한 것은 절대 아닙니다.

사다리는 종종 성공, 출세에 비유해 쓰입니다. 성큼성큼 딛고 올라가 남들 위에 올라선다는 뜻의 상징인 셈인데요. 힘겹게 한 발자국 한 발자국을 내딛는 일과 사다리를 통해 위로 곧장 오르는 일은 분명 차이가 있지요. 전자가 차근차근 노력을 통해 공든 탑을 쌓는 느낌이라면 후자는 다소 부정적인 벼락출세나 벼락 성공의 의미를 담고 있지요.

하지만 시험지를 훔쳐서라도 어떻게든 사다리만 오르면 된다는 식의 생각은 아주 위험하지요. 속임수를 써도 성공만 하면 된다는 이런 생각은 종종 더 큰 범죄로 이어지기도 하는데요. 마음속 욕망의 사다리는 누구에게나 있지만, 그걸 잘못 실현해서는 절대 안 될 일이지요. 컨닝, 업무방해죄 같은 삐뚤어진 욕망의 사다리를 통해서는 결코 진짜 천국에 이를 수 없습니다. 성경 속 야곱과 같은 집념, 혹은 블레이크처럼 자신만의 우주를 찾는 고집이야말로 천국에 닿을 수 있는 진짜 사다리가 아닐까요?

나에게 잊힐 권리를 다오!

요하임 파티니르의 〈스틱스강을 건너는 카론이 있는 풍경〉

21세기 인류가 누리는 커다란 변화 중 하나로 좀처럼 지워지지 않는 디지털 기록을 꼽을 수 있습니다. 글, 사진, 영상 등 온갖 기록물이 일단 디지털로 입력되기만 하면 사실상 영원한 생명을 얻게 되지요. 인스타그램, 페이스북 등 각종 SNS가 넘쳐 기록을 남기기도 쉽습니다. 꼭꼭 접어 보낸 손편지, 세월의 흔적을 고스란히 보여주는 빛바랜 사진, 이런 것들은 조만간 박물관에서나 볼 수 있을지도 모릅니다.

본래 인간의 기억이란 시간이 지나면 자연스레 망각하지만, 정보통신 기기의 발달로 오히려 잊히기가 어려운 세상이 되었습니다. 그로 인해 뜻밖의 곤란한 일도 생깁니다. 홧김에 휘갈긴, 아니 키보

드로 두들긴 글, 철없이 찍어 올린 부끄러운 사진이 온라인에 '박제'가 된 채 남아 있다가 어느 날 불쑥 눈앞에 나타나기도 합니다. 지우고 싶어도 지울 수가 없다 보니 법적으로 '잊힐 권리'를 보장해야 한다는 목소리가 나옵니다.

이 논란에 불을 지핀 건 한때 유명세를 떨친 온라인업체 싸이월드입니다. 이 사이트가 최근에 세상을 떠난 이의 계정에 남은 기록을 유족이 가져갈 수 있게 하면서 논란을 촉발시킨 겁니다. 과연 망자에게 '잊힐 권리'를 보장해 주는 일이 중요할까요? 아니면 그의 기억을 보존하고 싶은 산 자들의 열망이 더 중요할까요? 정답은 없으니 각자 깊이 생각해 볼 일입니다.

망자와 잊힐 권리에 대해 생각하다 보면 자연스레 떠오르는 그림이 하나 있습니다. 요하임 파티니르(Joachim Patinir, 1480~1524)의 〈스틱스강을 건너는 카론이 있는 풍경〉이라는 작품입니다. 화가 요하임 파티니르는 성서, 신화에 나오는 이야기를 풍경화처럼 그려 명성을 얻었습니다. 이 작품 역시 신화 속 이야기를 그림으로 옮긴 건데요.

스틱스강은 그리스 신화에서 이승과 저승의 경계를 이루는 강입니다. 그 강에 몸을 담그는 자에게 불멸을 선사하기도 했는데, 아킬레우스는 어렸을 때 그 강에 몸을 담가 불멸의 힘을 얻게 됩니다. 다만 그의 어머니 테티스가 손으로 잡고 있던 발뒤꿈치만은 물에 젖지 않아 치명적인 급소가 되지요.

이 강을 지키는 저승의 뱃사공이 바로 카론입니다. 망자가 이승

요하임 파티니르, 〈스틱스강을 건너는 카론이 있는 풍경〉

1515–1524, 패널에 유화, 64×103센티, 스페인 마드리드 프라도 미술관

을 떠나기 위해 강가에 도착한 다음 동전 한 닢을 건네면 카론이 배에 실어 강을 건너게 해준답니다. 그림 속 카론은 강 한복판에서 고민하고 있습니다. 배에 실은 영혼을 어느 쪽에 내려줘야 하나 망설이는 듯한 모습이지요.

그림 왼편에는 맑은 호수가 있고 언덕에는 날개를 단 천사가 보입니다. 오른편의 성문은 입구부터 괴수가 자리 잡은 데다 성 안에 온통 불길이 치솟고 있지요. 왼편은 험준한 언덕이라 배를 대기가 쉽지 않아 보이는데, 오른편은 야트막한 물길이라 상륙하기 편해 보입니다. 천국과 지옥을 하나의 풍경화 안에 담은 것입니다. 그리스 신화와 기독교의 사후 세계관이 뒤섞인 광경이지요. 저승에 관한 이야기가 거의 그렇듯이 살아 있는 사람들에게 권선징악의 가르침을 담은 그림이지요.

그리스 신화에는 망자가 다섯 개의 강을 건너야 한다고 나오는데요. 첫 번째가 슬픔의 강 아케론, 두 번째가 탄식의 강 코키투스, 세 번째가 정화의 강 플레게톤, 네 번째가 증오의 강 스틱스, 그리

고 마지막 다섯 번째가 망각의 강 레테입니다. 이 강들을 굽이굽이 거치는 동안 망자의 영혼이 새롭게 탄생할 준비를 한다고 합니다.

문득 임종 연구 분야를 개척한 정신과 의사 엘리자베스 퀴블러로스의 다섯 단계가 떠오르는데요. 그는 인간이 죽음을 받아들이기까지 부정, 분노, 타협, 우울, 수용의 단계를 거쳐야 한다고 했습니다. 망자가 아니라 살아 있는 사람이 죽음을 받아들이기에 필요한 과정인데, 어쩐지 그리스 신화와도 비슷한 느낌입니다.

그리스 신화뿐 아니라 다른 문화권에서도 이승과 저승을 나누는 건 강입니다. 불교에서는 죽은 지 칠 일째 되는 날 삼도천이라는 긴 강을 건너야 한다지요. 중국의 영향을 받은 한자 문화권에서는 황천이라는 지하의 샘으로 간다고도 하지요. 기독교에서는 천국을 상징하는 가나안으로 가려면 요단강을 건너야 한다고 말합니다. 이처럼 강은 왜 죽음의 상징이 되었을까요? 한쪽으로 흐를 뿐 거스를 수 없는 강물을 따라 인간의 영혼이 떠나간다는 뜻일까요? 어쨌든 생사를 가르는 강을 건너면 망자는 이승의 기억을 잊습니다. 영화, 드라마에서도 흔히 등장하는 장면이라 익숙할 겁니다.

사실 망자가 정말 그런 과정을 거쳐 저승에 이르는지는 알 수 없지요. 사후세계에 관한 이야기들은 정작 살아 있는 사람을 위한 것이니까요. 착한 일을 하라는 지옥의 경고가 그렇듯이 말입니다. 망각에 관한 신화 역시 그렇지 않을까요? 죽은 자가 산 자를 잊는 것이 아니라, 산 자에게 죽은 자를 잊고 앞으로 나아가라고 말해주는 게 아닐까 싶습니다. 누군가의 죽음을 비통해하며 애써 부정해

보기도 하지만 어느 때에 이르면 받아들이고 잊어야 합니다. 그래야 살 수 있으니까요.

망각은 신이 인간에게 준 가장 큰 축복이라는 말도 있습니다. 모든 기억을 간직하는 것이 반드시 행복을 가져다주지는 않을 겁니다. 떠난 이가 기억해 주길 바라는 모습으로 기억하는 것이 망자에 대한 예의일 수도 있고요. 생전에 유족들에게 특별한 의사를 남기지 않았다면, 굳이 공개하지 않은 SNS의 기록들까지 알려줄 필요가 있을까 싶습니다. 망자에게도 '잊힐 권리'는 있으니까요. 서비스에 가입할 때부터 그런 부분을 확실히 해두는 것도 좋겠지요.

한편 기록이 간단하고 전달하기도 편하다 보니 SNS에 지나치게 매달리는 사람들을 자주 봅니다. 맛집에 가도 스마트폰 카메라가 먼저 음식을 맛본다고 하잖아요. 멋진 풍경 역시 눈이 아니라 카메라 렌즈에게 먼저 보여줍니다. 가끔은 안타까울 때가 있어요. 해가 뜨고 지는 찰나의 순간, 그 아름다운 시간마저 즐기지 못하고 기록에 매달리기도 하는데요. 과거가 될 기록을 만들기 위해 현재를 잃는 건 아닐까요? 잊힐 것들은 잊히게 하고 지금, 여기에 보다 충실하면서 사는 건 어떨까요?

아이들을 위한 나라는 없다

바르톨로메 에스테반 무리요의 〈주사위 놀이를 하는 아이들〉

영하 7도의 칼바람이 불던 어느 겨울날이었지요. 경찰 지구대에 열 살짜리 어린아이가 찾아왔습니다. 한눈에 봐도 버려진 아이라는 걸 알 수 있었지요. 또래에 비해 작고 비쩍 마른 체구, 때에 찌든 옷을 걸치고 신발은 밑창이 닳아 구멍이 나 있었거든요. 흡사 주인에게 버림받고 들판을 헤매는 유기견 같은 모습이었지요.

아이는 7평짜리 원룸에 혼자 살고 있었습니다. 난방은 물론 온수도 나오지 않았고요. 엄동설한에 몸을 따뜻이 보온할 수 있는 건 얇은 이불 한 장이 전부였지요. 먹는 건 하루에 밥 한 끼, 날마다 같은 메뉴였습니다.

그런데 더 충격적인 사실은 이 아이에게는 버젓이 엄마와 아빠가 있고, 이 모든 사태는 부모의 방조 아래 이루어졌다는 점입니다. 너무 춥고 배가 고파 지구대를 찾아왔다는 그 아이는 따뜻한 세상에서 살고 싶다고 했습니다.

뉴스를 통해 아동학대 사연을 들을 때마다 쉽게 믿어지지 않습니다. 이게 도대체 21세기 대한민국에서 일어난 일인지 머리로도 가슴으로도 받아들이기 어렵습니다. 처벌이 약해서 이런 사태가 벌어진다는 여론에 따라 아동학대치사를 5년 이상에서 무기징역까지 강화하기도 했지요. 사형이 빠졌을 뿐 살인죄와 똑같이 아주 무거운 형벌입니다. 하지만 달라지지 않았어요. 보건복지부 자료에 따르면 2020년대 대한민국에서는 한 해 3만 건이 넘는 아동학대 신고가 접수된다고 합니다.

여기 구멍 난 신발을 신은 아이가 또 있습니다. 발가락 다섯 개, 발바닥까지 고스란히 드러난 것이 맨발이나 다름없네요. 세 명의 아이들 모두 제대로 된 옷차림도 아니고요. 그래도 구김살은 없습니다. 자세히 들여다보니 조금 큰 녀석들은 세상에서 가장 재미있는 게임이라도 되는 양 주사위 놀이에 집중하고 있고요. 형들이 놀아주지 않아서인지 작은 녀석은 뭔가를 볼때기 가득 입에 욱여넣고 있습니다. 가난이 덕지덕지 묻어 나오는 모양새이지만 어느 아이도 불행하게 보이지는 않습니다.

17세기 스페인을 대표하는 화가 바르톨로메 에스테반 무리요(Bartolome Esteban Murillo, 1617~1682)가 그린 〈주사위 놀이를 하는 아이들〉입니다. 우리에겐 다소 생소한 화가지만 스페인에서는 그렇지

바르톨로메 에스테반 무리요, 〈주사위 놀이를 하는 아이들〉

1670-1675, 캔버스에 유화, 146×108센티, 독일 뮌헨 알테 피나코테크 미술관

않습니다. 그의 작품을 나라 밖으로 반출하는 걸 금지할 만큼 크게 사랑받는 화가이지요.

중세의 여느 화가가 그랬듯이 그도 종교를 소재로 한 작품이나 귀족의 초상화를 주요 작업으로 삼았습니다. 당시는 아이들이 그림 소재로 등장하는 일이 드물었지요. 거리의 아이들은 더더욱 천한 존재라 그림으로 옮길 가치가 없다고 여기던 시대였습니다.

하지만 바르톨로메 에스테반 무리요는 달랐습니다. 일찌감치 부모를 여의고 누나 손에 자란 덕분일까요? 그는 거리의 아이들을 즐겨 그렸습니다. 이 작품도 그중의 하나이지요. 물질적인 풍요와는 동떨어진 모습들이지만 그림 속 아이들의 천진함이 보는 이를 미소 짓게 합니다. 그림 한 귀퉁이에는 '아이들과 함께 머무르고 있다.'라는 글을 남겼습니다. 그만큼 아이들을 소중한 존재로 여겼겠지요.

돌이켜보면 '어린이'라는 대상을 특별하게 보호한 역사는 그리 길지 않습니다. 과거에 아이들은 그저 일꾼으로 한몫을 하기에는 아직 부족한 존재 정도로만 여겼거든요. 조금 오래된 동화책을 봐도 집 안의 가축을 돌보는 것과 같은 잡일은 당연히 아이들 몫으로 그려지잖아요. 그런 면에서 백 년 전 '어린이날'을 만드신 방정환 선생님이나 17세기에 아이들을 그린 무리요는 선각자였지요. 어린이가 미래이고, 희망이라는 사실을 일찌감치 깨달은 겁니다.

그렇다면 경제적 풍요를 누리고 있는 21세기 대한민국은 어떨까요? 뉴스에 날 만큼 극단적인 사례가 아닌 보통의 다른 어린이는 미래의 희망답게 자라고 있을까요? 자폐 장애를 지닌 변호사를 주인공으로 삼아 큰 인기를 끌었던 〈이상한 변호사 우영우〉라는 드라마가 있습니다. 드라마 속의 한 에피소드에는 '어린이 해방군 사령관 방구뽕'이라는 인물이 나오는데요. 초등학교 때부터 영재고를 목표로 공부에 시달리는 아이들을 근처 동산으로 데려가 신나게 놀게 해줍니다. 그러다 미성년자 약취유인 혐의, 그러니까 유괴범으로 재판을 받게 됩니다.

주인공 변호사는 아이들을 만나러 학원가에 들르는데요. 수십억 원짜리 비싼 아파트에 사는 아이들이 편의점에서 끼니를 때웁니다. 음식은 더 빨리 손쉽게 먹을 수 있는 제품이 인기 있었고요. 잠을 줄이기 위해 어느 음료에 얼마만큼의 카페인이 들었는지가 중요했습니다. 편의점 직원은 공부 잘하는 아이일수록 못 먹고, 못 자서 성장이 더디다는 충격적인 대사를 남깁니다. 무서운 이야기 아닌가요? 드라마다운 과장은 있겠지만 현실과 아주 동떨어졌다고 부정할 수는 없을 겁니다.

방정환 선생님이 1922년에 했던 어린이날 선언 4조가 뭔지 아십니까? '어린이에게 수면과 운동을 충분히 하게 하여 주십시오!'입니다. 이 선언은 백 년이 지난 지금까지도 유효합니다. 죄다 학원에 다니는 바람에 더 이상 놀이터에서 초등학생을 볼 수 없게 됐다는 이야기는 이미 오래됐고요. 조금이라도 경제적인 여유가 있는 집 아이들은 학원 버스에 실려 하루 내내 끌려다니지요. 반대로 부모에게 문제가 있는 아이들은 제대로 돌봄을 받지 못하고 있습니다.

질병과 가난에 시달렸던 17세기 유럽, 무리요의 그림 속 아이들이 오히려 더 행복했을지 모릅니다. 아이가 아이답게, 신나게 뛰어놀다 신발에 구멍이 뚫리면 안 되나요?

그런 바람 때문인지 드라마는 유괴범의 누명을 쓰게 된 방구뽕에 대한 판결 선고를 보여주지 않습니다. 현실에서는 유죄를 벗어나기 어려울 테니까요. 드라마에서까지 아이들의 낙원을 법의 잣대로 짓밟는다면 너무 참담하지 않겠습니까?

저녁이 있는 삶을 위하여

장 프랑수아 밀레의 〈만종〉

어느 날 갑자기 50대 근로자가 사망했습니다. 평소 거래처 직원을 만나 잦은 술자리를 가져야 했던 그의 사망 당시 모습은 놀라웠지요. 170센티가 넘는 키에 몸무게는 고작 43킬로에 불과했거든요. 숨질 무렵 일주일에 55시간가량, 하루 10시간이 넘게 일했습니다. 퇴근 이후에는 시장 조사 겸 새로 맡은 업무를 파악하기 위해 거래처 사람들을 만나야 했답니다. 과로사로 인한 안타까운 죽음이었지요. 그나마 다행인 것은 법원이 그의 죽음을 업무상 재해로 인정했다는 겁니다.

직장인이 술을 많이 마시는 건 드문 일이 아닙니다. 강요라고 할 만큼 누군가 억지로 술을 권한 적 없다 하더라도 50대 가장이 받아드는 술잔에는 거부할 수 없는 삶의 무게가 담겨 있겠지요. 21세기 대한민국에서는 아직도 근로자들이 하루에 두 명꼴로 산업재해로 인해 목숨을 잃습니다. 아침에 일터로 가기 위해 집을 나섰다가 저녁에 영영 집으로 돌아오지 못하는 겁니다. 느닷없는 비보를 받은 가족들은 얼마나 참담한 마음일까요? 그래서 늘 '오늘도 무사히'를 기도하는 것이겠지요.

여기 그림이 하나 있습니다. 아마 세상에서 가장 유명한 그림 중의 하나겠지요. 프랑스의 국민화가 장 프랑수아 밀레(Jean François Millet, 1814~1875)의 〈만종〉으로 알려진 그림입니다. 뉘엿뉘엿 기울어가는 저녁 해를 뒷전으로 농부 부부가 고개 숙여 기도합니다. 발밑에는 하루 내내 붙들고 있었을 농기구가 휴식을 취하듯 놓여 있습니다. 땀 흘린 노동의 대가일까요? 감자가 담긴 바구니를 앞에 두고 감사 기도를 드립니다. 그림을 보는 이도 시름을 내려놓고 숙연하면서도 평화로워집니다.

밀레는 〈만종〉을 비롯해 〈이삭 줍기〉 〈씨뿌리는 사람〉처럼 농촌의 일상을 담은 그림들로 유명한데요. 〈만종〉은 어린 시절 그의 할머니가 일하다가도 교회 종이 울리면 잠시 멈춰 기도를 드리던 모습을 떠올리며 그린 작품이라고 합니다. 어려운 사람들과 세상을 떠난 사람들을 위한 기도였다고 하는데요. 하루의 고된 노동을 마치고 만종이 울리면 기도를 올리고 나서 집으로 돌아가 가족들과 소박한 저녁을 함께했을까요? 정말 그랬을까요?

이 그림에는 뜻밖의 반전이 숨어 있습니다. 대개 〈만종〉은 평화

장 프랑수아 밀레, 〈만종〉

1857 – 1859, 캔버스에 유화, 55.5×66센티, 프랑스 파리 오르세 미술관

로운 저녁 기도를 떠올리게 하지만, 이런 일반적인 해석과 달리 의외로 큰 논란의 불씨가 되기도 했습니다. 그림이 그려진 19세기 중반 프랑스는 기근과 질병에 시달리고 있었거든요. 당시 농촌의 모습을 평화롭게 보는 것은 현실적이지 않다는 주장이 있습니다. 그러고 보니 고작 감자 몇 알이 담긴 바구니가 고된 노동의 대가치고는 많이 부족해 보이기도 합니다.

이 감자 바구니에는 충격적인 비밀이 있습니다. 이건 애초에 감자 바구니가 아니라 죽은 아이가 담긴 관을 그렸다는 겁니다. 그렇다면 부부의 모습은 감사의 기도가 아니라 슬픔에 잠겨 기도를 드리는 장면이 될 테지요. 멀리서 울리는 저녁 종소리는 마치 장송곡처럼 들릴 테고요. 이런 모습은 너무 비극적이라는 친구의 의견을 받아들여 관을 지우고 대신 감자 바구니로 덧칠을 했다고 전해집니다.

특히 이런 주장에 목소리를 높인 건 스페인의 초현실주의 화가 살바도르 달리입니다. 그의 유명세에 힘입어 이 주장이 점점 설득력을 얻게 되자, 그림을 소장한 미술관은 엑스레이로 그림을 분석하기에 이르렀답니다. 그 결과 실제로 감자 바구니 주변에 관처럼 보이는 형태가 있다는 걸 확인했습니다. 다만 바구니를 그리기 위한 밑그림일 가능성도 있기에 죽은 아이의 관이라고 단정 지을 수는 없었지요.

어쨌든 이런 추측이 나오게 된 배경은 당시의 사회 현실입니다. 그 무렵 프랑스는 혁명의 기운이 팽배했지요. 사치와 향락에 빠진

장 프랑수아 밀레, 〈이삭 줍기〉

1857, 유화, 83.8×111.7센티, 프랑스 파리 오르세 미술관

왕과 귀족 계급에 맞서 가난과 굶주림에 시달리던 노동 계급이 들고일어났어요. 이런 사회 분위기 속에서 화가 밀레는 도시의 삶에 지쳐 어린 시절 자랐던 시골로 돌아가 그림에 매진했습니다.

그러나 앞서 밝혔듯이 농촌의 현실 또한 그리 녹록하지 않았습니다. 어떤 특별한 정치적, 사회적 의도를 가지고 그린 건 아니지만 그가 즐겨 그린 농민의 일상은 오해를 불러일으키는 데 충분했습니다. 알다시피 멀리서 바라본 농촌은 평화롭고 아름다운 전원의 풍경이지만 현실은 완전 딴판이거든요. 해가 떠서 질 때까지 땀 흘려 일해야 겨우 먹고사는 남루한 생활의 연속이었습니다.

〈이삭 줍기〉의 아낙네들을 한번 생각해 보세요. 추수가 끝난 들판에서까지 허리를 구부려 찌꺼기를 줍지 않습니까? 그림은 하층민의 고된 삶의 모습을 묘사한 것이지요. 이 때문에 당시 보수적인 언론은 빈부 격차를 드러내며 계층 간 갈등을 부추기는 그림이라며 엉뚱한 비판을 퍼붓기도 했습니다.

오랜 시간이 흐른 지금의 우리 현실은 어떨까요? 대한민국이 비록 선진국 반열에 들어섰다고 해도 노동 현실이 꼭 평안한 것만은 아닙니다. 서울지하철 구의역에서 고장 난 스크린 도어를 수리하다 사고를 당한 열아홉 살 김 군을 기억하실 겁니다. 그런 죽음을 막기 위해 2022년 중대재해 처벌법이 시행되었습니다. 어느 사업장이든 그 안에서 일하는 모든 사람의 안전을 위해 경영 책임자에게 의무를 부과했습니다. 그래도 사고는 그치지 않았지요. 일부 보수적인 언론과 정치인들은 기업 활동을 위축시킨다며 잘못된 법이라는 주장을 펴기도 합니다. 열악한 노동환경이야말로 화려하게 빛나는 21세기 대한민국에 드리워진 짙은 그늘이 아닐 수 없습니다.

과거 어느 정치인이 '저녁이 있는 삶'이라는 말로 사람들에게 큰 울림을 주었지요. 밤늦도록 일에 쫓겨야 하는 피로한 사회를 극복하자는 뜻입니다. 아직도 저녁이면 무사히 돌아오기만을 기도하는 사람들이 많이 있습니다. 책임 있는 사람들, 법과 제도를 운영하는 사람들이 그런 기도들에 더욱 귀 기울일 때 우리는 저녁이 있는 평안한 삶을 누릴 수 있을 겁니다.

예수님도 못 참은 일이 있다?

지오토 디 본도네의 〈성전 정화〉

다른 사람의 생명을 빼앗는 죄, 즉 살인죄는 그 자체로 최악의 범죄입니다. 피해를 입은 사람은 회복할 기회조차 없습니다. 소중한 생명은 절대로 돌이킬 수가 없으니까요. 따라서 그 어떤 변명도 용납될 수 없습니다. 그런 만큼 법적인 절차상 무거운 범죄에 상응하는 무거운 처벌을 내리기 위해서는 동기나 목적, 범행 이후의 행동 등을 살피지 않을 수 없습니다. 격정에 사로잡힌 돌발적인 행동인지, 의도를 가지고 치밀한 계획을 세운 건지, 생명의 대가로 무엇인가를 노린 것은 아닌지 등을 따져봐야 합니다.

법의 심판을 믿고 따라야 하는 변호사, 법조인 역시 사람인지라 법을 따지기 이전에 감정을 억누르기 쉽지 않은데요. 특히 얼마 안

되는 재물에 눈이 어두워 저질러진 살인일 때 더욱 그렇습니다. 강도짓을 하려고, 보험금을 타내려고, 빌린 돈을 갚지 않기 위해…. 몇 번이고 치밀하게 앞뒤를 재면서, 타인의 목숨값으로 자신의 미래를 꿈꾸었다고 생각하면 소름이 끼칩니다. 살인자의 눈에는 어떤 모습의 세상이 비친 걸까요?

외람되지만 어느 그림 속 예수님의 모습을 떠올려봅니다. 예수님이 나쁜 일을 하셨다는 건 절대 아닙니다. 그분이 어떤 분이셨습니까? 오른뺨을 때리면 왼뺨을 내밀라고 했습니다. 인간의 죄를 대신 갚기 위해 십자가에서 목숨을 바쳤습니다. 그런 분조차 화를 참지 못하고 폭력을 행사한 일이 있습니다.

14세기 이탈리아에서 활동했던 화가 지오토 디 본도네(Giotto di Bondone, 1267~1337)가 성경 속 사건을 그림으로 생생하게 기록해 놓았는데요. 바로 〈성전 정화〉라는 작품입니다.

이 작품은 이탈리아의 소도시 파도바에 있는 스크로베니 예배당 내부를 장식한 스물네 점의 프레스코화 중 하나입니다. 예수의 생애에서 중요한 24장면을 고른 것이지요. 왜 그랬냐고요? 글자를 읽지 못하는 사람들에게도 성경에 나오는 이야기를 쉽게 전하기 위해서입니다.

지금으로 치면 일종의 '카드뉴스'라고 할까요? 유럽의 교회에서는 이런 류의 작품을 흔히 볼 수 있는데요. 지오토는 지극히 종교적인 주제를 다루면서도 현실의 인간이 느끼는 감정을 자연스럽게 표현해 명성을 얻었지요. 예수님의 얼굴을 다시 한번 보세요. 입체

지오토 디 본도네, 〈성전 정화〉

1303, 프레스코, 200×185센티, 이탈리아 파도바 스크로베니 성당

감까지 더해져 살아 있는 듯이 느껴집니다.

그림의 가운데에 익숙한 예수님의 모습이 보입니다. 그런데 분위기가 아주 험악해요. 성난 표정이 역력한 얼굴로 오른손을 불끈 치켜들고 있습니다. 맨손도 아니에요. 채찍을 감아쥐고 앞에 선 사내를 내려치려고 합니다.

현행법상 위험한 물건을 사용하면 특수폭행죄가 성립하는데요. 그냥 위협만 하는 것도 아닙니다. 이미 탁자는 앞에 나뒹굴고, 우리에서 탈출한 양과 소들이 좌우로 뿔뿔이 흩어지고 있습니다. 예수님 왼편에는 제자로 보이는 무리 속에서 겁에 질린 아이들이 숨을 죽이고 있습니다. 그렇다면 예수님이 이렇듯 분노한 이유는 무엇일까요?

사연은 이렇습니다. 뒤편에 보이는 건물은 예루살렘 성전인데요. 성직자들이 드나드는 신성한 곳에 때아닌 장사치들이 진을 친 겁니다. 먼 곳에서 예배를 드리러 오는 사람들을 대상으로 제사에 쓰일 희생물을 비싼 값에 판 것이지요. 특정한 화폐로만 헌금을 받는 바람에 환전도 필요했는데요. 만만치 않은 수수료를 떼었지요. 신성함마저 돈으로 거래하는 모습에 예수님이 그만 분을 참지 못하고 손찌검을 했던 겁니다. 만약 돈 때문에 사람까지 죽였다면 예수님은 더 화를 참지 못하셨겠지요?

이쯤에서 잠시 마음을 가라앉히고, 그림에 시선을 집중해 봅시다. 이 작품의 미술사적 의미 중 하나는 배경이 된 하늘인데요. 쨍쨍한 푸른색으로 성스러움을 더욱 강렬하게 해줍니다. 지오토는 온통 푸른색으로, 마치 천국처럼 예배당 천장을 그려 놓았는데요. 그 무렵의 그림들은 하늘을 파란색으로 그린 게 드물었습니다. 화려하기 그지없는 작품조차 정작 하늘은 우중충한 회색이었지요.

여러 이유가 있겠지만 당시 사람들은 하늘빛의 청색을 고유한 색깔로 인식하기 어려웠다고 하네요. 자연물에서 그런 청색을 발견하기도 쉽지 않아 인공 염료가 발달하기 전에는 하늘빛의 파란색을 표현할 물감 역시 귀했답니다. 지오토는 이 작품을 통해 선명한 하늘빛을 사람들에게 인식시켜 주었습니다.

사실 하늘은 빈 공간일 뿐 뭔가 색깔이 있는 물체가 떠 있는 것은 아닙니다. 더 올라가면 빛이 사라진 컴컴한 어둠의 우주 공간일 뿐이지요. 그런데도 우리 눈에는 파랗게 보입니다. 과학적인 관점에서 보자면 그저 빛의 파장에 따른 오묘한 현상에 불과하지만, 감성적으로 생각하면 하늘에 대한 신비로운 경외감을 가지기에 충분합니다.

설령 기독교인이 아니더라도 하늘을 곧 하느님으로 인식하는 경우가 많습니다. 사랑이 많으신 예수님이 채찍까지 든 것은 하늘 아래 죄를 짓는 자를 단죄한다는 의미일 겁니다. 신을 경외하는 마음으로 푸른 하늘을 본다면 남의 생명을 빼앗는 흉악범죄는 감히 저지르지 못할 겁니다. 혹시라도 어두운 생각이나 컴컴한 마음이 든다면 고개를 들어 하늘을 눈에 비추어 보세요. 마음이 맑아지는 걸 느낄 겁니다.

장수시대의 빛과 그늘

귀스타브 모로의 〈오이디푸스와 스핑크스〉

의료기술의 발달로 인간의 수명이 크게 늘었습니다. 과거에는 예순 살에 환갑잔치를 했지만 지금 그랬다간 크게 흉잡힐 일이 되고 말았지요. 100세 시대란 말이 실감이 날 만큼 고령층도 활발한 사회 활동을 하고 있습니다.

장수시대가 된 것까지는 좋은 일이지요. 문제는 그와 더불어 60대 이상 고령층의 범죄도 늘고 있다는 사실입니다. 회갑을 훌쩍 넘긴 65세를 기준으로 하더라도 2020년대 이후 전체 형사범죄 피의자의 10퍼센트를 넘었고요. 범죄 유형 역시 다양해졌습니다. 절도, 사기, 횡령 같은 재산범죄를 비롯해 폭행이나 상해 같은 폭력범죄는 물론 성폭력도 많아졌습니다.

여러 이유가 있겠지만 인간의 수명과 건강 상태가 예전과 달리 크게 늘고 좋아졌다는 게 가장 큰 이유일 텐데요. 60부터 청춘이라는 신조어도 생겼잖아요. 고령임에도 육체적으로 건강한 경우가 많지만, 처벌은 여전히 온정적이기 쉽습니다. 예를 들어 30대 지적장애인을 상대로 성폭행을 저지른 60대 남자가 재판에 넘겨졌는데요. 집행유예로 풀려났습니다. 피해자와 합의하기도 했고, 수감생활을 하기에 건강이 좋지 않다는 이유였기 때문에 크게 논란이 일었습니다.

이 문제와 관련하여 시사점을 던지는 그림이 있습니다. 프랑스의 상징주의 화가 귀스타브 모로(Gustave Moreau, 1826~1898)의 〈오이디푸스와 스핑크스〉입니다.

'아침에는 네 발, 점심에는 두 발, 저녁에는 세 발인 존재는 무엇인가?'라는 수수께끼를 들어봤을 겁니다. 답은 사람이지요. 태어나서 죽을 때까지의 시간을 하루의 시간에 맞춰 만들어 낸 문제입니다. 이 문제를 낸 건 스핑크스고, 푼 사람은 오이디푸스입니다.

그럼 여기서 잠깐 그리스 신화 속의 비극적 이야기 속으로 들어가 볼까요? 비극의 시작은 불길한 예언입니다. 도시국가 테베의 라이오스 왕은 갓 태어난 아들에게 살해당할 것이라는 신탁을 받습니다. 두려움을 떨치지 못한 왕은 아이를 산에 버리고 마는데요. 그렇다고 짓궂은 신이 쉽사리 포기할 리가 없지요. 아이는 무사히 살아남았을 뿐만 아니라 이웃 나라의 왕에게 입양되기까지 합니다.

건장한 청년으로 성장한 그에게 어느 날 똑같은 신탁이 내려지는데요. 아버지를 죽일 뿐만 아니라, 어머니를 아내로 맞게 된다는 끔찍한 예언이었지요. 자신이 입양된 사실을 몰랐던 그는 가혹한 운명을 피하려고 양부모 곁을 떠나 여행길에 오릅니다.

그런데 그가 향한 곳이 하필 출생의 비밀이 담긴 테베였습니다. 길을 가던 중 좁은 길에서 마주친 다른 일행과 시비가 붙었는데요. 혈기왕성한 청년은 상대방이 친아버지라는 사실을 모른 채 죽이고 맙니다. 첫 번째 불행한 신탁이 이루어졌지요. 여행을 계속해 도착한 테베는 혼란에 빠져 있었는데요. 왕이 갑자기 살해당한 데다 스핑크스까지 나타나 사람들을 해치고 있었습니다. 스핑크스는 사자의 몸에 독수리의 날개를 달고 있으면서 사람의 얼굴을 가진 괴물이었지요. 이집트의 피라미드 곁을 지키는 반인반수인데 그리스까지 진출한 겁니다.

스핑크스는 사람들이 많이 다니는 길목을 막고는 위의 수수께끼를 냈지요. 문제를 풀지 못하면 잡아먹었고요. 두려움에 떨던 테베 시민들은 스핑크스를 해치우는 사람을 왕으로 받들겠다는 공고를 냈습니다. 청년은 자신이 죽인 사람이 아버지였다는 사실을 까

귀스타브 모로, 〈오이디푸스와 스핑크스〉

1864, 캔버스에 유화, 206×105센티, 미국 뉴욕 메트로폴리탄 미술관

맣게 모른 채 용감하게 스핑크스에게 도전장을 던졌습니다.

스핑크스의 수수께끼에 그가 대답했지요. 사람은 어린 시절 네 발로 기고, 청년이 되면 두 발로 걸어 다니고, 늘그막에는 지팡이를 짚으니 세 발이 된다고요. 정답을 맞히자 스핑크스는 자존심이 구겨진 나머지 벼랑에서 몸을 던져 죽어 버렸다고 해요. 안정을 찾은 테베는 새로운 왕을 받들고, 혼자 남은 왕비와 혼인을 시킵니다. 이렇게 두 번째 신탁이 이루어집니다. 얼마 지나지 않아 모든 비밀을 알게 된 청년 오이디푸스는 몹시 괴로워하다가 진실을 똑바로 보지 못했던 자신을 원망하며 스스로 두 눈을 찔렀답니다.

그림을 자세히 볼까요? 신화에서 소재를 빌려왔지만, 자신의 상상력을 더했습니다. 그림을 대하는 첫 느낌은 굉장히 몽환적이라고 할까요? 어떻게 이런 발상을 했을까 싶게 신비로운 분위기입니다. 오이디푸스와 스핑크스의 만남 역시 그렇습니다. 스핑크스가 날카로운 발톱을 품은 앞발로 오이디푸스의 가슴을 짚고 얼굴을 들이댑니다. 문제를 풀지 못하면 잡아먹겠노라 위협하는 것이겠지요. 아래쪽에는 희생자들의 손, 발, 뼈가 보입니다. 이 장면만 보면 분명 섬뜩해야 하는데요. 꼭 그렇지는 않아 보입니다.

오뚝한 콧날에 찰랑거리는 머리칼, 조각 같은 청년을 바라보는 스핑크스의 표정은 마치 연인을 대하는 듯합니다. 고개를 숙여 스핑크스의 얼굴을 마주하는 오이디푸스 역시 그렇습니다. 공격적이지도 않고, 겁을 먹은 것으로 보이지도 않습니다. 그림의 아랫부분을 가리고 둘의 상반신에 집중해 보세요. 마주한 눈길에서 불꽃이

튀기는 청춘남녀 아닌가요? 당장 키스라도 할 듯합니다. 물론 모로의 의중이야 알 수 없지만, 관객은 자유롭게 해석할 수 있으니까요. 그렇게 보이는 이유는 오이디푸스가 혈기왕성한 청년이기 때문이겠지요. 군살 하나 없이 매끈한 그의 몸이 젊음을 뽐내고 있습니다.

지그문트 프로이트는 신화 속 이야기를 빌려 '오이디푸스 콤플렉스'라는 심리 용어를 만들었는데요. 어린아이가 아버지를 경쟁상대로 삼으며 어머니를 독차지하려는 심리라고 합니다. 아마 대중적으로 가장 널리 알려진 심리학 용어일 텐데요. 연로한 아버지를 물리치고 왕위를 뺏고, 어머니인 왕비를 차지한다는 설정이 한편으로는 스핑크스의 수수께끼와 맞닿아 있습니다. 인간이 어린 시절을 거쳐 청년기에 들어서고, 세월의 흐름에 따라 늙어가면 다시 후세대가 뒤를 잇는 게 자연의 순리이고, 세대가 바뀌는 인간의 순환인 셈이지요.

그런데 최근 이 순환에 문제가 생겼습니다. 21세기 과학과 의술이 자연을 거스르게 된 것이지요. 아침에 네 발, 점심에 두 발까지는 달라질 일이 없는데요. 저녁이 와도 좀처럼 세 발로 변하지 않는 겁니다. 세 발은커녕 깊은 밤이 되도록 클럽에서 두 발로 뛸 기세인 인간들이 많아지고 있습니다. 스핑크스의 수수께끼는 이제 출제 오류로 판정이 날 것 같습니다. 세상이 바뀌었는데도 인류의 신화, 종교, 윤리, 학문은 여전히 처음 만들어질 무렵의 사고방식을 그대로 가르치는 현실입니다.

고대 그리스 시대 평균 수명은 스무 살 남짓이었다고 하는데요. 전쟁, 질병 탓에 일찍 죽는 사람이 많았다고 하더라도 현대인의 일생과는 크게 달랐을 겁니다. 알렉산더가 스무 살에 세계를 정복했다고, 현재의 20대가 좌절할 이유가 없지요. 공자님은 자신의 삶에 빗대 인생의 여정을 제시하기도 했는데요. 마지막이 일흔 살이었습니다. 당시는 수명이 짧았기 때문에 70대 이후의 생이란 논의의 대상조차 아니었지요.

현대인의 평균 수명이 늘어남에 따라 노인 범죄가 늘어나는 현실을 단순히 처벌을 어떻게 해야 하느냐의 문제로 치환해서는 안 됩니다. 달라진 인간의 생애 주기에 맞춰서 우리의 사고방식은 물론 법, 제도 등 사회 전반의 시스템을 바꿔야 할 시기가 아닐까 싶습니다.

제2부

명화로 세상 읽기

늘 곁에 있다는 이유로
무심하고 하찮게 대하는
사물, 사람, 사랑은 없는지
한번 돌아보면 어떨까요?
내 눈이 귀하게 바라볼 때 비로소
그 소중한 것들의 진짜 가치를
다시 찾을 수 있을 겁니다.

우리 시대의 에코 혹은 나르키소스

카라바조의 〈나르키소스〉

잠자리에서 부스스한 눈을 뜨고 일어나면 가장 먼저 하는 일이 무엇일까요? 두말할 것도 없이 스스로의 모습을 다듬는 일이지요. 물을 끼얹어 눈곱이며 입가에 흘린 침 자국을 지워냅니다. 씻거나 다듬어 헝클어진 머리를 정리합니다. 이것이 끝나면 옷매무새를 다듬을 차례입니다.

옷은 단지 추위를 막고, 더위를 피하기 위한 수단에 그치지 않습니다. 똥배를 가리고 어떻게든 자신의 장점을 돋보일 수 있도록 만드는 포장재 구실을 합니다. 새로 마련한 장신구라도 하나 덧붙이는 날에는 괜히 뿌듯해지기도 합니다. 사회적 동물인 인간이 자신을 꾸미는 일은 당연할 겁니다. 업무가 무엇이냐에 따라서는 남들에게 잘 보이는 일이 때론 생존으로 연결될 수도 있으니까요. 그런데 간혹 그런 심리가 타인의 눈에 많이 불편한 쪽으로 작동하기도 합니다.

최근에 강남 일대에서 큰 논란이 된 이슈가 있습니다. SNS에서 영상이 돌아다니면서 세간의 이목을 끌었는데요. 비 내리는 날, 상의를 탈의한 채 오토바이를 탄 남자가 뒤에 아슬아슬한 수영복 차림의 여자를 태우고 도로를 질주한 일이 있었습니다. 이런 자극적인 이벤트로 수익을 올리려는 다소 불순한 목적이 있었던 것으로 추정됩니다. 이들의 과한 행동은 형사사건으로 입건되어 재판 절차를 밟아야 했지요.

이 정도는 아니지만 야한 옷차림이 빌미가 되어 사법부의 판단을 받은 경우도 있습니다. 한 남자가 엉덩이가 훤히 보이는 여성용 핫팬츠를 입고 카페를 찾고 거리를 활보하다가 결국 재판에 넘겨졌는데요. 예뻐 보이기 위해 종아리를 다듬는 시술까지 했다는 이 남자는 결국 법정에서 벌금을 받았습니다. 두 사례 모두 경범죄 처벌법에 따른 과다노출 혐의가 적용되었지요.

그런데 이런 문제를 과연 법으로까지 다스려야 할 일인지 논란이 일기도 했습니다. 자신을 꾸미고 다듬는 일이 죄가 되느냐는 주장이지요. 사실 사회적 시선만 제외하면 자신을 가꾸는 게 죄가 될 일은 아닙니다. 스스로 자기만족을 위해 그럴 수 있으니까요.

자기애를 일컫는 말을 '나르시시즘'이라 부르는데요. 이건 그리스 신화 속의 나르키소스에서 이름을 따온 겁니다. 연못에 비친 자신의 모습을 너무 사랑한 나머지 죽음에 이르고 말았다는 유명한 일화입니다.

앞선 두 사건의 경우도 당사자에게 약간의 나르시시즘이 있지 않았나 싶은데요. 남들 눈이 아니라 스스로의 눈에 비친 자신의 모습에 빠져들었던 것처럼 보입니다. 지나친 자기애 혹은 자아도취라고 볼 수도 있겠지요.

사실 인간에겐 누구나 나르키소스와 같은 자기애가 조금씩은 있습니다. 그래서 그런지 나르키소스는 서양 화가들의 단골 그림 소재였습니다. 그 가운데 16세기 후반에서 17세기 초까지 이탈리아에서 활약했던 화가 카라바조(Michelangelo da Caravaggio, 1573~1610)의 〈나르키소스〉라는 작품이 특히 눈길을 끕니다. 어쩌면 신화의 상징적 의미를 가장 충실하게 담아낸 그림이지 않을까 싶습니다.

카라바조는 빛과 그림자를 사용해 극적인 순간을 포착해 낸 화가로 유명한데요. 이 작품도 마찬가지입니다. 화면의 배경이 온통 어둠에 묻혀 있기 때문에 스스로에게 푹 빠진 청년의 심리를 극명하게 보여줍니다. 연극 무대의 주인공에게만 조명이 비추는 것처럼 주변은 전혀 중요하지 않지요.

그림 속 화면은 일단 둘로 나뉩니다. 연못 위에서 물에 비친 자신을 바라보는 나르키소스와 물속에 잠긴 그림자입니다. 곱슬머리의 청년은 입술을 살짝 벌리고 스스로의 아름다움에 감탄합니다. 조금 더 살펴보면 그의 왼손은 이미 물에 잠겨 있습니다. 멈춰 있는 순간을 포착했지만 이미 다음 순간 물속에 빠져드는 그의 내면적

카라바조, 〈나르키소스〉

1597–1599, 캔버스에 유화, 110×92센티, 이탈리아 로마 국립 고대미술관

움직임을 동시에 보여주지요. 정적이면서도 역동적입니다.

여기서 한 가지! 그림을 눈여겨보면 좀 특이한 부분이 있습니다. 물에 비친 청년의 모습은 그다지 아름다워 보이지 않습니다. 그림자니까 당연할 수도 있겠지만 실제보다 조금 더 어둡고 살짝 추하게 보이기까지 합니다. 어쩌면 객관적으로는 그렇지 않은데 자기 눈에만 그렇게 보인다는 걸 표현했을까요? 그렇게 살짝 화가의 의도를 상상해 봅니다.

나르키소스는 어쩌다 그런 지경에 이른 것일까요? 먼저 숲의 요정 에코의 짝사랑 이야기가 있는데요. 에코는 꽤 수다쟁이인 모양입니다. 바람피우는 남편 제우스를 뒤쫓느라 바쁜 헤라를 붙들고 놓아주지 않았어요. 이에 화가 난 헤라는 저주를 내렸지요. 다른 사람의 말 마지막 마디를 따라 하도록 말이지요. 하필 그런 에코가 나르키소스를 사랑하게 된 겁니다. 가뜩이나 미소년으로 잘나가는 나르키소스에게 자신의 마음을 전할 수 없던 에코는 절망에 빠진 나머지 깊은 산 속에서 죽음을 맞았습니다. 그리하여 메아리가 됐다고 하지요.

나르키소스에게 거절당한 비련의 청춘은 에코뿐이 아니었는데요. 결국 그렇게 콧대 높은 나르키소스 역시 저주를 받습니다. 물에 비친 자기 자신을 사랑하게 된 겁니다. 물속에 손을 뻗으면 금방이라도 닿을 듯싶다가도 이내 사라져 버리는 아름다운 모습. 나르키소스는 먹지도 마시지도 못하고 메말라 갔습니다. 죽음을 바로 눈앞에 두고서야 자신이 스스로에게 빠져 괴로워하고 있다는 사실을 깨달았습니다.

그렇다면 나르키소스는 단지 신화 속의 인물일까요? 오늘날은 '외모 지상주의'라는 말이 생길 만큼 겉모습을 강조하는 시대입니다. 각종 SNS에는 미남 미녀들이 넘쳐나는데요. 가만히 보면 그중에 우리 시대의 에코 혹은 나르키소스가 있는 건 아닌가 싶습니다.

사실 이 둘은 동전의 양면 같기도 해요. 스스로에게 감탄하기 바쁜 나르키소스는 수십, 수백 장의 사진을 찍어 올리는 일에 열중합니다. 이에 반해 스스로에 대해 자신감을 잃고 다른 사람의 모습에 빠져서 쫓아다니기 바쁜 에코 같은 사람들도 있습니다. 어떻게든 그들을 따라잡으려 애를 쓰지만 마지막 마디만 반복하는 에코처럼 유행이란 녀석은 금세 달아납니다. 비판적인 댓글 하나에도 상처받고 아파합니다.

거울을 보고 자신의 모습을 가다듬는 일은 다른 사람과의 관계를 위한 것인데요. 그 거울을 잘못 보면 자신을 잃거나, 혹은 남을 잃는 결과를 맞습니다. 남에게 잘 보이고 싶은 마음이야 이해하지만 가장 중요한 건 스스로의 눈이지요. 거울을 들여다보면서 지금 스스로는 어떤 모습인지 차분하게 한번 비춰보면 어떨까요? 다른 사람과의 관계를 어떻게 설정하고 있는지, 에코 같은 삶을 살거나 나르키소스를 따라 하는 것은 아닌지 말입니다.

남다른 노력이 남다른 결과를 낳는다

존 에버렛 밀레이의 〈오필리아의 죽음〉

강력범죄가 발생했을 때 그 희생자가 된 사람의 억울한 죽음을 밝혀내기 위한 수사기관의 노력은 일반인의 상식을 뛰어넘습니다. 이를 다룬 영화, 드라마가 대중의 시선을 사로잡기도 하는데요. 미국의 과학수사대를 소재로 국내에서도 큰 인기를 끌었던 〈CSI〉 시리즈가 대표적입니다. 범죄 현장에 흘린 머리카락, 반쪽짜리 조각만 묻은 지문, 침방울에서 뽑아낸 DNA 등 찾아내기도 힘들고, 무엇을 의미하는지도 모를 흔적들에서 범죄를 밝혀내곤 합니다.

살인 사건의 증거 가운데 가장 중요한 것은 죽은 자의 몸입니다. 사실 시신이 존재하지 않는다면 범죄가 벌어졌는지조차 알기 힘들지요. 시신이 있어도 범죄에 의한 것인지 아닌지 모호할 때도 종종 있습니다. 따라서 부검을 통해 범인의 잔인한 손길이 스쳐 간 흔적을 찾아내는 일은 범인을 추적하는 데 기본 중의 기본이 되는데요. 부패하는 과정에서 일어나는 변화를 통해 언제, 어떻게 사망했는지를 역추적하기도 합니다.

예를 들면 법의학과 곤충학을 연결한 수사기법이 있습니다. 유기체인 시신에 몰려드는 수많은 곤충의 생태를 살피는 것입니다. 가령 대표적으로 파리의 유충인 구더기가 있고, 그 유충을 잡아먹으려는 곤충, 거기에 다시 기생하는 기생충까지 이어진 먹이사슬의 생태계를 관찰하는 겁니다. 그렇게 시신에서 발견한 곤충의 종류, 크기에 따라 사망 시간과 원인을 유추해 낼 수 있다고 합니다. 채집한 구더기가 알에서 성충이 될 때까지 걸리는 300여 시간 중 어느 단계인지 알아내는 식이지요. 마약 종류가 사망의 원인이라면 곤충의 성장 속도가 빨라지고, 독극물이라면 거꾸로 늦춰지기도 한다는데요. 그런 수사를 통해 죽음의 순간을 재현해 내는 겁니다. 참으로 놀라운 수사기법에 혀를 차기도 하지만, 이걸 분석하기 위한 법의학자의 수고로움 역시 경이롭다고 해야겠지요.

역사에 남을 명작 가운데도 사건 현장의 생생한 모습을 재현하기 위해 피나는 노력을 기울인 끝에 탄생한 작품이 있습니다. 존 에버렛 밀레이(John Everett Millais, 1829~1896)가 그린 〈오필리아의 죽음〉입니다. 알다시피 오필리아는 그 유명한 셰익스피어의 명작 『햄릿』에 등장하는 비극의 여인인데요. 명화에 문외한일지라도 어디서든 한 번쯤 본 작품일 겁니다. 그도 그럴 것이 머그잔이나 포스터

존 에버렛 밀레이, 〈오필리아의 죽음〉

1852, 캔버스에 유화, 76.2×111.8센티, 영국 런던 테이트 박물관

같은 미술관 기념품으로 자주 만들어지고요. 햄릿을 소재로 한 영화, 드라마에도 그림과 비슷한 장면이 종종 등장합니다. 심지어 햄릿과 아무 관련이 없는 패션 화보나 뮤직비디오에서조차 등장하곤 하지요. 왜 그럴까요? 일단 햄릿에게 오필리아의 죽음을 알리는 대사를 살펴봅시다.

> "그 애는 늘어진 나뭇가지에 화관을 걸려고 했는데, 가지가 부러지는 바람에 화관과 함께 흐느끼는 시냇물로 떨어지고 말았다는구나. 옷이 활짝 펴져 잠시 인어처럼 물에 떠 있는 동안 그 애는 자신의 곤경을 모르는 사람처럼, 옛 노래 몇 소절을 불렀다더라. 그러나 오래지 않아 물에 젖어 무거워진 옷은 그 가엾은 것을 아름다운 노래에서 진흙탕의 죽음으로 끌어들이고 말았다는구나."

극 중에서 오필리아는 햄릿의 연인입니다. 아버지의 갑작스러운 죽음, 그걸 속이고 자신의 어머니와 결혼한 숙부에 대한 복수심으로 햄릿은 제정신이 아니었지요. 그 와중에 햄릿은 오필리아의 아버지를 숙부로 오인해 칼로 찔러 죽였는데요. 하필 그 장면을 오필리아가 본 겁니다. 넋이 나간 채 미친 사람처럼 머리에 꽃을 꽂고 강가를 떠돌던 그녀는 결국 물에 빠져 죽었지요. 많은 화가가 이 비극적 장면을 생생하게 묘사해 보려고 노력했는데요. 그중에서도 존 에버렛 밀레이의 수고는 남달랐습니다.

밀레이가 특히 주목한 것은 죽음이 다가오는 것조차 모르고 노

래를 부르다 물에 잠기는 순간이었습니다. 이 상황에 딱 맞는 배경을 찾기 위해 그는 런던 근교의 시냇가를 샅샅이 뒤졌다고 합니다. 드디어 마음에 드는 장소를 찾은 밀레이는 날마다 현장에서 그림을 그렸습니다. 반년 가까운 날들을 하루에 열 시간 넘게 야외에서 작업했다고 합니다. 그때 쓴 편지들에는 날파리와 거센 바람에 관한 하소연, 수상쩍은 눈길을 보내는 동네 사람들과 싸운 내용이 담겨 있기도 합니다.

그렇게 오필리아가 거닐었을 냇물과 수풀, 꽃들을 화폭에 옮겨 냈는데요. 작품을 보면 마치 고해상도 사진을 보는 것처럼 생생합니다. 화면 속 풀과 나무들은 식물도감을 대신하는 교재로 쓰였다는 얘기가 있을 만큼 꼼꼼하게 표현해 냈습니다. 오필리아가 두른 화관의 꽃들은 순결과 사랑, 젊음 같은 꽃말을 가지고 있는데요. 특히 오른손 주변에 떠 있는 양귀비는 '깊은 잠'을 의미한다고 합니다. 죽음을 암시하는 꽃말이지요.

배경을 완성한 다음에는 주인공인 오필리아에 집중했습니다. 밀레이는 물에 젖어 무거워진 옷과 함께 서서히 가라앉는 그 순간을 재현하는 데 심혈을 기울였지요. 이를 위해 드레스를 입힌 모델을 욕조에 들어가게 했답니다. 물에 젖은 드레스의 주름, 반쯤 잠겨가는 여인을 그리기 위해서 말입니다.

그런데 하필 이 작업이 이루어진 때는 추운 겨울이었습니다. 난방 시설조차 변변치 않은 시절이라 모델에게도 만만치 않은 작업이었지요. 추위를 이기기 위해 욕조 아래 램프 몇 개를 켜놓기는 했지만, 추위를 녹이기에는 어림도 없었지요. 더구나 어떤 날은 불이 꺼진 줄도 모르고 그림에만 열을 내기도 했다는데요. 모델이 심한 독감에 걸리는 바람에 고소를 당해 결국 손해배상을 물어주는 일까지 있었다는군요. 하지만 그런 밀레이의 남다른 노고가 오늘날까지 수많은 사람에게 사랑받는 명화를 탄생시킨 밑거름이 되었습니다. '아름다운 죽음의 순간'이라는 복잡미묘한 감정을 관객들이 눈으로 직접 확인하게 해준 겁니다.

관객에게 감동을 주는 명작이나 억울한 망자의 한을 풀어주는 일은 이토록 피나는 노력의 결과로 이루어지는데요. 밀레이의 집념도, 곤충을 이용한 과학수사도, 죽음의 순간을 재현하는 남다른 수고가 들어 있는 셈이지요. 악명 높은 영국의 바깥 날씨를 몇 달이고 견디며 자연 그대로의 모습을 화폭에 담아내는 일이든, 망자의 몸

구석구석을 뒤지며 눈에 쉽게 띄지도 않는 유충을 찾아 길이와 무게를 재는 일이든 다 마찬가지로 대단히 수고스러운 일입니다.

무엇인가 남과 다른 특별한 결과를 만들어 내는 일은 사실 그만큼의 특별한 과정을 거치기 때문에 얻어질 수 있겠지요. 누구든 자기가 일하는 분야에서 남들 못지않게, 아니 남들과 다른 무엇인가를 이루고 싶은 욕망이 조금씩은 있을 겁니다. 그러려면 남들의 노력에 경이롭다는 탄성만 내뱉을 것이 아니라 남들의 탄성을 이끌어내도록 스스로 혼신의 노력을 기울여야 할 겁니다.

아름다운 폭력은 없다

자크 루이 다비드의 〈호라티우스 형제의 맹세〉

남자들 사이에, 특히 젊은 남자들의 술자리에서 종종 등장하는 '전설'이 있답니다. 어깨에 힘 좀 주던 시절 '17대 1로 싸워 이겼다.'라는 식의 이야기지요. 본인이 그랬다거나 그런 친구와 가까운 사이라며 으쓱대곤 합니다. 비슷한 얘기를 들을 때마다 드는 궁금증이 있는데요. 그런 싸움에서 누군가에게 졌을 그 열일곱 명은 도대체 누굴까요? 한 번도 만나본 적이 없거든요. 확률상 맞았을 사람들이 17배나 많은데도 말입니다.

주변에서 가장 흔하게 일어날 수 있는 범죄는 바로 폭행입니다. 싸움이라면 쌍방폭행이 되는데요. 만약 어느 한쪽이 다치기라도 했다면 상해죄를 저지른 셈입니다. 17대 1로 싸워서 상대를 죽사발로 만들었다면 법률상 폭행죄를 범한 것이 되는데 이를 왜 자랑스러워 할까요? 물론 이런 일쯤이야 무용담을 과장한 것으로 치부할 수도 있지요.

그런데 현실에선 진짜 황당한 폭행 사건을 접하기도 합니다. 격투기를 익힌 사람이 무자비한 폭행을 퍼부어 상대방이 크게 다치거나 죽는 일이 벌어지기도 하지요. 심지어 체육관 관장이 스파링을 핑계로 중학생을 때려 갈비뼈 네 개를 부러뜨리는 사건도 있었습니다. 조사를 받으면서 이유를 묻자 버릇을 고치기 위해서 그랬다고 하는데요. 상식적으로 납득하기 어려운 일입니다.

사실 일상 속에서 벌어지는 폭력 가운데 정당한 경우는 거의 없습니다. 길을 가다 어깨가 부딪혔다거나, 술자리 건너편 테이블에서 기분 나쁘게 쳐다봤다거나 하는 식의 궁색한 변명을 늘어놓곤 하니까요. 이처럼 사소한 핑계들이 싸움의 빌미가 되는 것은 힘으로 상대방을 억누르는 폭력이 정당화를 넘어 미화되기 때문에 벌어지지 않을까 싶습니다. 술자리에서 안줏감으로 오르는 남자들의 영웅담 역시 여기에 한몫하는 것일지도 모릅니다.

자신도 모르는 사이 폭력이 미화되는 건 단지 개인들 사이의 문제는 아닙니다. 역사적 사건 속에도 이런 경우는 얼마든지 찾아볼 수 있습니다. 자크 루이 다비드(Jacques Louis David, 1748~1825)의 명작 〈호라티우스 형제의 맹세〉란 그림을 한번 볼까요? 이 작품은 가로 4미터, 세로 3미터가 넘을 만큼 굉장히 크기 때문에 그림 속 인물들도 실제 사람의 크기와 비슷합니다. 웅장한 고대 건축물을

자크 루이 다비드, 〈호라티우스 형제의 맹세〉

1784, 캔버스에 유화, 329.8×424.8센티, 프랑스 파리 루브르 박물관

배경으로 건장한 체격의 삼 형제가 아버지로부터 칼을 건네받는 순간을 포착한 겁니다.

앞으로 뻗은 굳센 팔과 단단한 종아리의 근육이 한 눈에도 전사의 몸이라는 사실을 보여줍니다. 닭 볏처럼 치켜세운 투구는 고대 로마를 주제로 한 영화에서 익숙하게 본 차림새인데요. 아버지가 들고 있는 칼 역시 각기 다른 날 모양으로 섬세하게 표현했습니다. 꼭 승리하고 말겠다는 결연한 표정, 서로의 허리를 단단하게 끌어안은 모습에서 중요한 결투를 앞둔 전사들의 비장함을 엿볼 수 있습니다.

기원전 7세기, 도시국가 로마가 한창 세력을 뻗어나갈 무렵 이웃 나라 알바와 치열한 전쟁을 벌이게 되었습니다. 기나긴 싸움에 지친 두 나라는 전면전 대신 가장 뛰어난 영웅들끼리의 결투로 승패를 가리기로 합의했지요.

로마에서는 호라티우스 가문의 형제가 나서 나라의 명운을 가리기로 했는데요. 이 작품은 형제들이 싸움에 나서기 전 아버지에게 승리의 다짐을 하는 모습을 보여줍니다. 나라를 위해 목숨을 바치려는 사나이들의 결기를 극적으로 묘사하고 있습니다. 요즘으로 치면 전쟁 영웅을 소재로 애국심을 자극하는 '국뽕' 영화 정도의 내용을 담고 있는 셈이지요.

그렇다면 화가는 왜 이런 그림을 그렸을까요? 자크 루이 다비드는 탁월한 화가이면서 동시에 굉장히 정치적인 인물이었습니다. 프랑스 혁명에 전폭적인 지지를 보내며 혁명 정신을 북돋우는 그림을 많이 그렸습니다. 잠깐이지만 스스로 국민공회 의장을 맡기도 했습니다. 아이러니하게도 훗날 황제의 자리에 오르는 나폴레옹에게 협력하기도 했는데요. 백마에 올라타 망토를 휘날리며 알프스 산맥을 넘는 나폴레옹 그림을 아실 겁니다. 그게 바로 다비드의 작품이지요. 한마디로 가장 뛰어난 정치 선전물을 그린 화가였던 셈이지요.

이 작품 역시 혁명의 기운을 북돋아 주기 위한 목적을 가지고 그렸습니다. 그림 속 주인공인 호라티우스 형제들을 한번 보세요. 나라를 위해 목숨조차 기꺼이 버리겠다는 우렁찬 맹세 소리가 귀에 쟁쟁하게 들릴 듯합니다.

그런데 그림 오른쪽을 자세히 보면 형제들과는 사뭇 다른 분위기의 여인들이 보일 겁니다. 아이들을 끌어안고 애통해하는 여인, 서로에게 기대어 눈물을 삼키는 여인들이 있습니다. 이들은 바로 호라티우스 형제의 어머니, 아내, 여동생입니다. 이 여인들이 몸을 가누기 힘들 정도로 비통해하는 데는 그만한 이유가 있습니다.

로마와 알바는 이웃 나라였습니다. 전쟁이 일어나기 전까지는 활발한 교류를 했지요. 싸움의 상대인 알바쪽 가문과 호라티우스 가문은 사돈지간이었습니다. 그림 속 여인들은 알바에서 시집와 아이들을 낳은 며느리, 그리고 알바 가문의 아들과 약혼을 한 호라티우스 형제의 여동생입니다. 싸움을 누가 이기든 그녀들로서는 견딜 수 없는 비극이 예고된 겁니다. 아들이 죽거나 사위가 죽거나, 혹은 남편이 죽거나 친오빠가 죽거나 하는 갈림길에 서 있는 것이지요.

여러분이라면 사랑하는 연인과 형제 중 누구를 선택할 수 있겠습니까?

영웅담의 끝은 아주 비참했습니다. 격렬한 싸움 끝에 호라티우스 가문의 남자 한 사람만이 살아남았지요. 로마의 승리였지만, 양쪽 집안에는 줄초상이 났습니다. 연인을 잃은 호라티우스의 여동생은 울부짖으며 오빠를 원망했지요. 그러자 나라를 위한 대의를 더럽힌다며 오빠는 그녀의 목숨까지 빼앗고 맙니다. '국뽕'의 결과는 이처럼 두 집안의 피눈물 나는 통곡으로 마무리되었답니다.

그런데 이게 단지 과거의 일이기만 할까요? 다비드의 그림과 같은 창작물은 요즘도 넘쳐납니다. 전쟁, 범죄를 소재로 한 영화, 드라마에서는 호라티우스 형제 같은 영웅들이 주인공으로 자주 등장하지요. 총칼을 뚫고 적들을 모조리 때려눕힙니다. 어쩌다 구색을 맞추려고 '우리 편'이 희생당하기도 하지만 그마저도 숭고한 죽음으로 미화됩니다. 그들에게 당한 상대방과 그들의 가족을 보여주지는 않지요.

따지고 보면 인류의 역사는 끊임없는 전쟁과 폭력의 역사라고 해도 과언이 아닙니다. 그러니 싸움을 꽤 하는 사람이 멋지게 보이는 것도 무리는 아닙니다. 지금도 격투를 스포츠로 승화한 종목들은 관객들로부터 많은 환호를 받습니다. 스포츠는 규칙을 벗어날 때 바로 폭력이 될 수 있습니다. 폭력은 결코 아름다울 수 없습니다. 물론 그렇다고 눈요기용 오락물까지 즐기지 말자는 얘기는 아닙니다.

다만 그런 폭력물의 범람으로 인해 자신도 모르는 사이에 마음속에서 폭력을 미화하는 일은 크게 경계해야 합니다. 그렇지 않으면 자극적인 폭력에도 무감각하게 됩니다. 폭력의 극단적 참상은 바로 전쟁입니다. 인류가 언젠가는 폭력으로부터, 전쟁이라는 비극으로부터 완전히 벗어날 수 있기를 기원해 봅니다.

눈먼 자가 눈먼 자를 이끌다

피테르 브뤼헐의 〈장님의 우화〉

종교는 얼룩진 현실과는 다른 차원의 가르침을 줍니다. 속세의 욕망으로부터 자유로워지도록 도와주고, 지치고 힘든 사람의 마음을 따뜻하게 안아주기도 합니다. 그래서인지 목사와 승려, 신부 같은 성직자에 대해서는 되도록 세상의 잣대를 들이대지 않으려는 경향이 있습니다. 하지만 간혹 그런 특별한 대우를 남용해 눈살을 찌푸리게 만드는 일들이 벌어지기도 합니다.

대한민국 국민이라면 누구나 헌법상 기본이 되는 납세의 의무를 지고 있는데요. 종교인은 오랜 기간 그것을 면제받았습니다. 2018년에야 어렵사리 과세가 시행됐지만, 첫해 결과를 보니 고작 소득의 1퍼센트를 걷는 데 불과했습니다. 법률에 아랑곳없이 예외

적 특혜는 여전히 계속되고 있고요. 간혹 특혜에 편승하여 대중의 시선은 무시하는 듯한 모습을 보이기도 합니다. 종단의 잘못을 파헤치거나 비판하는 사람을 향해 서울 대로변 한복판에서 폭력을 행사하는 일까지 있었습니다.

종교의 외피를 쓰고 어떤 불법적인 일이 벌어지는지 한 가지 사례를 들어볼게요. 2022년에는 정말 극적인 사건이 있었는데요. 재개발지역 한복판에 있는 한 교회를 둘러싸고 벌어진 일입니다. 서울시 재개발사업이 진행되던 지역에 땅과 건물을 합해 80억 원가량으로 평가받는 교회가 있었습니다. 재개발조합 쪽에서는 정당한 대가를 치르려 했으나 교회 측은 막무가내로 못 내놓겠다고 버텼지요. 법원은 원만한 해결을 위해 두 배 가까운 150억 원으로 타협을 시도했습니다. 하지만 이것이 무산되면서 법원은 강제집행을 명령했습니다.

교회에서는 '종교 탄압'이라는 명분을 앞세워 저지했습니다. 새총, 소화기까지 동원됐지요. 이 과정에서 합의금은 300억 원 가까이 껑충 올랐습니다. 이조차 거부하면서 결국 보상금의 최종 금액은 500억 원까지 뛰어올랐습니다. 재개발조합의 입장에서는 큰 손실이 아닐 수 없었지만, 공사가 미루어지면서 커지는 손해를 감당하기 어려웠던 것이지요. 속칭 '알박기'를 제대로 한 셈이 되었습니다.

어떤 이들은 이렇게 반문할 수도 있을 겁니다. 이는 어디까지나 이해관계 당사자들끼리 타협할 사항이고, 그들이 합의하겠다는데 무슨 문제냐고요. 하지만 아닙니다. 위법의 소지가 있거든요. 교회는 법원의 철거 명령을 따르지 않았습니다. 새총, 소화기까지 동원해 집행을 막아선 신도들은 공무집행 방해죄에 해당합니다. 일반적인 단체라면 감히 이런 행동은 상상할 수도 없는 일입니다. 수만을 헤아리는 신도들의 힘 앞에 공권력마저 무릎을 꿇은 것입니다. 무엇보다 교회가 영리를 좇은 것 아니냐는 비난을 피하기 어려운 상황이 되었지요. 재개발을 기다리는 많은 사람에게 고스란히 피해가 돌아간 것은 두말할 필요도 없습니다.

이 사건을 보면서 종교 지도자의 사회적 책무에 대해 생각해보지 않을 수 없는데요. 우리에게 뜻깊은 암시를 주는 명작이 하나 있습니다. 그림은 16세기 네덜란드에서 활동했던 피테르 브뤼헐(Pieter Bruegel, 1527~1569)의 〈장님의 우화〉라는 작품인데요. 제목을 굳이 알려드리지 않아도 보는 순간 그림 속 상황을 파악할 수 있을 겁니다. 여섯 명의 남자가 줄지어 어딘가를 향해 길을 갑니다. 모두 한 손에 기다란 지팡이를 들고 있는 시각장애인입니다. 눈앞의 구덩이를 미처 깨닫지 못한 선두의 두 사람은 이미 바닥으로 굴러 넘어지고 있고요. 지팡이에 의지한 채 뒤를 따르는 사람들 역시 같은 운명을 피할 수 없어 보입니다.

브뤼헐은 신화와 종교, 속담, 풍속 등을 소재로 한 작품을 많이 그렸는데요. 그림 속에 날카로운 시대 비판의식을 담고 있습니다. 이 작품 역시 마찬가지입니다. 그림의 배경을 잘 살펴보면 저 멀리 교회의 첨탑이 보일 겁니다. 당시 네덜란드는 가톨릭과 개신교의 다툼이 치열했습니다. 종교가 대중을 구원하는 것이 아니라 종교

피테르 브뤼헐, 〈장님의 우화〉

1568, 캔버스에 템페라, 86×154센티, 이탈리아 나폴리 카포디몬테 박물관

때문에 대중이 오히려 편이 갈려 다툼에 휘말리는 고통을 겪었지요. 따라서 이 그림은 잘못된 종교인을 나무라면서 '누가 누구를 이끈다는 것이냐?'라는 질문을 던지고 있습니다.

본래 성경에 나오는 일화를 소재로 삼은 건데요. 예수님께서는 '눈먼 자가 눈먼 자를 이끌면 모두 구렁텅이에 빠지고 만다.'라는 말을 남겼습니다. 앞을 분간하지 못하는 사람이 이끄는 데로 가면 나락에 떨어지듯, 그릇된 자의 인도를 받으면 잘못된 길로 들어서 결국 파국에 이른다는 가르침을 담고 있지요. 당시 종교 지도자들이 눈먼 장님처럼 길을 잘못 인도하여 대중이 구렁텅이에 빠지는 참상을 빚었다는 준엄한 꾸짖음이 느껴지는 작품입니다.

자신도 올바른 길을 알지 못하면서 목소리만 드높여 다른 사람들을 선동하는 행태는 분명 비판받아 마땅합니다. 하지만 뒤따르는 사람들에게도 잘못이 없다고 말할 수는 없습니다. 앞선 자가 장님인 줄 알면서도 그의 뒤를 따르면 안 되지요. 어디로 어떤 길을 가는지 알아보지도 않고 맹목적으로 따라나섰다면 결과에 대한 책임에서 자유롭지 않습니다.

우리는 살아가면서 날마다 어려운 선택의 기로에 설 때가 많습니다. 방향을 잃고 어디로 가야 할지 모를 때도 많습니다. 그럴 때면 누군가 손을 잡고 이끌어 주면 좋겠다는 심정이 들기도 하지요. 정치, 철학, 종교 같은 분야들이 혼란에 빠진 대중의 손을 잡아 주는 역할을 합니다. 이때 그 영역의 지도자라고 자처하는 사람들이 선도자로 나서곤 합니다. 사실 대중은 누군가의 가르침을 철저히 믿고 따르면 마음이 편할 수도 있겠지요.

그런데 인생이라는 길에는 네비게이션이 존재하지 않습니다. 목적지만 입력하고 그저 남이 시키는 대로 해서 도달할 수 있는 곳은 아무 데도 없습니다. 걷고 뛰는 방법쯤이야 남이 얼마든지 가르쳐 줄 수 있다 해도 자신의 길을 대신 걸어 줄 수는 결코 없는 법입니다. 설령 앞선 이를 믿고 따르기로 했더라도 눈을 똑바로 뜬 사람인지 아닌지부터 정확하게 판단해야 합니다. 목적지를 향해 달리는 열차에 올라탄 사람처럼 멍하니 창밖을 바라볼 일이 아니라 제대로 가고 있는지 늘 자신을 돌아봐야 합니다.

특히 종교는 현실을 넘어 내세에 관한 약속까지 할 때가 많은데요. 목적지가 너무 멀리 있어서인지 중간에 엉뚱한 길을 가더라도 그 사실을 알아차리기 힘듭니다. 일부 성직자가 그걸 이용해 대중을 속이는 일도 허다합니다. 그들의 악의적 수법 중 하나는 세속과 성역을 나누는 겁니다. 그들은 성역의 울타리 속에서 세상의 규칙에 얽매이지 않아도 되는 것처럼 말합니다. 이를 핑계 삼아 불법을 정당화시키기도 하지요.

다시 강조하지만, 종교든 철학이든 어떤 정치적 이데올로기든지 간에 길을 걷는 데 도움을 줄 수는 있어도 목적지까지 실어다 줄 수는 없는 노릇입니다. 어디로 가는지 스스로 똑바로 눈을 뜨고 보지 않으면 자칫 법의 선을 넘을 수 있다는 사실을 명심해야 합니다.

도난이 명작을 만들다?

레오나르도 다 빈치의 〈모나리자〉

우리 속담에 '눈 뜨고 코 베인다.'라는 말이 있습니다. 눈앞에서 속임수를 당할 때 쓰는 표현인데요. 카드 사기에 꼭 어울리는 말이지요. 짜장면 한 그릇을 배달시켜 먹었을 뿐인데, 수백만 원을 물어줘야 할 뻔한 사건이 있었습니다. 피해자가 음식값을 치르기 위해 내어준 신용카드 정보를 배달기사가 통째로 가로챈 겁니다. 사기는 두 단계로 이루어졌는데, 먼저 건네받은 카드를 가짜 복제기에 넣습니다. 그러면 당연히 결제가 되지 않겠지요. 그런 후 단말기가 이상하다면서 진짜 단말기로 바꿔 승인을 받습니다. 이런 수법으로 범죄자는 순식간에 복제 카드를 손에 넣는 것입니다.

고객은 말 그대로 눈 뜨고 코 베인 격입니다. 며칠 후 가본 적도 없는 금은방 같은 곳에서 수백만 원이 결제됐다는 알림 문자를 받고서야 뭔가 잘못됐다는 사실을 깨닫지요. 이처럼 편리함은 종종 그만큼의 위험을 가져오는데요. 과학기술의 발달은 손톱만 한 반도체 칩에 방대한 정보를 담게 해주었습니다. 강력한 보안장치가 있긴 합니다만 때로는 어처구니없이 뚫리기도 하지요. 그러면 아무런 제한 없이 개인정보의 복제가 가능합니다.

디지털 정보는 문서, 음성, 영상 어떤 것이든 0과 1이라는 숫자로 이루어졌는데요. 원본과 복제본의 차이가 전혀 없습니다. 과거 복사기를 주로 사용하던 시절에는 옮겨 찍을 종이라도 필요했지만, 요즘엔 칩 속에 순수한 정보 그 자체만을 저장하기 때문에 그마저도 필요 없습니다. 천억 원이 넘는 돈을 들여 만든 할리우드 영화 한 편도 디지털 정보로 바꾸면 몇 기가바이트에 불과하니까요. 그걸 스마트폰에 내려받는 데도 몇 분이면 족합니다.

복제는 미술의 영역에서도 여러 과제를 던져주고 있습니다. 높은 값어치를 가진 예술품에 대한 복제는 유서 깊은 범죄 행위라 할 수 있는데요. 그 유명한 레오나르도 다 빈치(Leonardo da Vinci, 1452~1519)의 〈모나리자〉 역시 복제 사건에 휘말린 적이 있습니다.

1911년 8월 어느 날 루브르 박물관에 걸려 있던 〈모나리자〉가 거짓말처럼 사라졌습니다. 절도범을 찾기 위해 대대적인 수사가 벌어졌습니다. 쉽게 범인이 잡히지 않자 엉뚱하게도 당대 유명화가였던 파블로 피카소가 용의자로 조사를 받는 해프닝이 벌어지기도 했는데요. 그렇게 샅샅이 뒤져도 결국 범인의 흔적은 아무것도 찾을

레오나르도 다 빈치, 〈모나리자〉

1503-1517, 패널에 유화, 77×53센티, 프랑스 파리 루브르 박물관

수가 없었습니다.

이처럼 감쪽같이 모습을 감춘 〈모나리자〉는 2년 뒤 이탈리아 피렌체에 우연히 다시 나타났습니다. 빈센초 페루자라는 남자가 미술관에 팔겠노라 접촉해 온 것이지요. 소리 없이 사라져 2년간 꽁꽁 숨은 사건에 비하면 너무나 어이없게 범인이 붙잡혔지요. 그는 아주 황당한 주장을 펴서 더욱 세상을 놀라게 했습니다. 자신이 그림을 훔친 건 맞지만 〈모나리자〉가 이탈리아 화가인 다 빈치의 작품이라 이탈리아로 돌아오도록 자신이 무진 애를 썼다는 주장이었지요. 그 이야기에 이탈리아 국민이 환호의 박수를 보냈다고 합니다.

그가 털어놓은 사건의 내막은 이렇습니다. 페루자에게 〈모나리자〉를 훔치도록 사주한 진짜 범인이 따로 있다는 겁니다. '에두아르도 드 발피에르노'라는 예술품 사기꾼이었지요. 그는 그림이 도난을 당한 직후에 여섯 점의 복제품을 만들어 유럽의 부호들에게 팔아먹었는데요. 발피에르노가 원한 건 원본 〈모나리자〉를 훔치는 게 아니라 도난당했다는 사실이 세상에 알려지는 것이었어요. 그래야 자신이 만들어 낸 복제품을 진품이라 속여서 팔아먹을 수 있었으니까요. 애초부터 진품이 목적이 아니었기에 진짜 〈모나리자〉는 다시 페루자에게 돌려준 것이지요.

여기서 한 가지 의문이 듭니다. 어마어마한 값을 치르고 복제품 〈모나리자〉를 진품으로 알고 샀을 그 부호들 말인데요. 틀림없이 미술품에 대해 애정이 아주 강했을 겁니다. 그런 만큼 나름 전문가였을 테고, 어쩌면 진짜 전문가에게 진위 여부에 대한 감정을 받았을 수도 있습니다. 그런데도 사기꾼에 속아서 가짜 〈모나리자〉를 진짜로 알고 샀다면 진품과 복제품은 과연 어떤 차이가 있을까요?

독일의 철학자 발터 벤야민(1892~1940)은 저서 『기술 복제 시대의 예술작품』을 통해 이 문제에 관한 진지한 성찰을 제시했는데요. 산업화를 이루면서 사진과 인쇄술이 발전하고 예술품에 대한 복제가 흔해지고 있지만, 복제품이 절대 따라갈 수 없는 진품만이 지닌 '아우라'가 있다고 벤야민은 주장했습니다. 따라서 진품은 어떤 사물이 유일하다고 느낄 수 있는 '분위기'가 있기에 작품을 감상하는 사람에게 고유의 경험을 하도록 만들어 준다는 것입니다.

당대의 저명한 문화 비평가이기도 했던 벤야민이 아직 살아 있다면 묻고 싶은 것이 있습니다. 처음부터 디지털로 만들어진 작품이라면 어떻게 봐야 할까요? 이건 진품과 복제품이라는 구별 자체가 있을 수 없으니까요. 이런 고민의 소산인지 몰라도 최근엔 NFT(대체 불가능 토큰)가 등장하기도 했습니다. 간단히 말해 디지털 파일이라고 할지라도 맨 처음 만들어진 것을 '원본'으로 삼자는 것입니다.

그렇다면 이걸로 모든 고민이 해결될까요? 사실상 모든 것이 똑같은데 어느 하나를 '원본'으로 다르게 여긴다는 건 대상을 어떻게 보느냐에 따라 의미가 달라질 수도 있다는 뜻 아닐까요?

다시 〈모나리자〉로 돌아가 보겠습니다. 그녀가 사라졌던 2년 동안 설명하기 어려운 일이 벌어졌는데요. 도난당한 사실이 알려지면서 갑작스레 루브르 박물관을 찾는 사람들이 늘어났습니다. 〈모나리자〉가 걸려 있던 빈자리를 보기 위해서였지요. 그림이 없는 사각의 빈 공간을 보기 위해 길게 줄을 선 겁니다. 새삼스레 그녀의 소중함을 깨닫기라도 한 것일까요?

2년여 만에 〈모나리자〉가 돌아온 이후 사람들은 그녀를 다르게 보기 시작했다고 해요. 도난당하기 전에는 차가운 '팜므파탈'에 가까운 얼굴로 보였는데, 다시 돌아온 이후에는 따스한 표정의 얼굴로 느껴졌다는 겁니다.

정말 그럴까요? 이미 '신비로운 미소'라는 인식이 자리 잡힌 한 객관적인 검증은 어렵겠지만 벤야민이 말한 '아우라'는 대상인 사물이 아니라 보는 이의 눈에 있는 것이 아닐까요?

진품이든 가품이든 이전보다 훨씬 풍성해진 시대를 살고 있는데요. 볼거리가 많아진 만큼 그 가치를 어떻게 매기느냐가 더욱 중요하지 않을까 싶습니다. 이것은 비단 문화 예술의 영역에 그치는 얘기가 아닐 겁니다. 늘 곁에 있다는 이유로 무심하고 하찮게 대하는 사물, 사람, 사랑은 없는지 한번 돌아보면 어떨까요? 내 눈이 귀하게 바라볼 때 잃어버린 〈모나리자〉가 돌아온 것처럼, 비로소 그 소중한 것들의 진짜 가치를 다시 찾을 수 있을 겁니다.

아리따운 미녀의 죄와 벌

귀도 레니의 〈베아트리체 첸치의 초상〉

세상을 놀라게 하는 범죄 사건이 많지만, 특히 안타까운 일이 있습니다. 연인이나 배우자였던 사람을 감금하고 폭행하는 일이지요. 자동차에, 혹은 살던 집에 가둬 세상과 단절시킨 채 폭력을 행사합니다. 이유도 거의 비슷합니다. 헤어졌는데 다시 만나 달라는 요구를 들어주지 않았다는 것입니다. 이미 잦은 폭력에 시달리던 피해자들이 그 지옥에서 벗어나려 안간힘을 쓰다가 오히려 더욱 심한 일을 당하는 경우도 많습니다. 아끼고 사랑하는 존재가 아니라 가해자의 소유물처럼 여긴 까닭에 벌어진 일이겠지요.

이럴 땐 외부의 도움이 절실한데요. 간혹 어처구니없는 상황이 벌어져 공분을 사기도 합니다. 피해자가 기껏 용기를 내 신고했는데 수사기관의 대처가 부족했던 바람에 더 큰 화를 당하는 경우입니다. 살인죄로 신상이 공개된 이석준의 경우가 대표적입니다. 그는 피해 여성의 휴대폰을 빼앗고 성폭행까지 저질렀습니다. 피해자는 경찰에 신고해 신변보호 요청을 했는데요. 이석준은 그 집에 침입해 어머니와 남동생에게 흉기를 휘둘렀습니다. 어머니는 목숨을 잃고, 남동생은 중상을 입었지요. 왜 그런 끔찍한 짓을 저지르는 것일까요?

가혹한 폭력의 피해자로서 명화의 주인공이 된 여인이 있습니다. 베아트리체 첸치! 그녀의 실제 모습은 귀도 레니(Guido Reni, 1575~1642)가 그린 〈베아트리체 첸치의 초상〉으로 남아 있습니다. 그녀의 초상은 〈모나리자〉 〈진주 귀걸이를 한 소녀〉와 함께 가장 아름다운 그림으로 손꼽힙니다.

첫눈에 봐도 예쁜 얼굴입니다. 검은색 화면을 배경으로 특별히 꾸민 것 같지 않은 하얀 두건과 수수한 옷차림이 더욱 그녀를 도드라지게 만듭니다. 목걸이, 귀걸이 따위의 장신구가 오히려 거추장스러울 만큼 자연 미인의 아름다움을 뽐내고 있습니다. 아무런 꾸밈이 없는 민낯만으로도 시선을 끌기에 충분합니다. 미녀치곤 무척 소박한 차림새를 하고 있는데 거기에는 비밀이 숨어 있습니다.

베아트리체는 당시 이탈리아 최고의 미녀로 꼽혔다고 해요. 프랑스 작가 스탕달(1783~1842)은 이탈리아 여행길에 그녀를 그린 이 작품을 만나고 무릎에 힘이 빠져 주저앉았다고 합니다. 심장은 거칠게 뛰고, 머리는 어지러웠습니다. 몸져누워 한 달이 지나서야 자

귀도 레니, 〈베아트리체 첸치의 초상〉

1600년경, 캔버스에 유화, 75×50센티, 이탈리아 로마 국립 고대미술관리에서 일어날 수 있었다고 하는데요. 나중에 이런 현상을 가리켜 '스탕달 증후군'이라는 이름이 붙었다고 해요. 실제로 뛰어난 예술 작품과 맞닥뜨렸을 때 이런 증상을 겪는 사람들이 종종 있다고 합니다. 심하면 환각까지 경험하기도 하는데 스탕달 증후군이란 말을 생겨나도록 만든 주인공이 바로 베아트리체인 셈이지요.

그렇다면 그녀의 어떤 점 때문에 스탕달은 그렇게까지 격렬한 반응을 일으켰을까요? 표면적으로만 본다면 베아트리체의 삶은 아주 유복했습니다. 이탈리아 최고의 미녀로 손꼽혔을 뿐만 아니라 부유한 권력자의 집안에서 자라났거든요. 그런데 문제는 아버지 프란체스코가 굉장히 폭력적이고 사악한 인물이었다는 겁니다. 그는 배우자와 아들들은 물론이고 딸 베아트리체에게도 폭력과 학대를 서슴지 않았습니다. 심지어 그녀에게 성폭력까지 저질렀다고 해요.

그녀는 암울한 현실에서 벗어나기 위해 아버지의 범죄를 신고했는데요. 로마 당국은 아무런 반응도 보이지 않았습니다. 이유는 간단하지요. 함부로 건드릴 수 없는 권력을 가진 귀족이었으니까요. 이럴 경우 범죄자는 더 큰 용기를 갖습니다. 그녀의 아버지 또한 마찬가지였지요. 딸의 신고 사실을 알게 된 후 그는 더욱 심한 폭력과 죄악을 저질렀습니다. 커다란 저택, 구석진 탑에 그녀를 가두어두고 몹쓸 짓을 이어 갔습니다. 참다못해 그녀와 가족들은 추락사로 위장해 프란체스코를 살해하기에 이르렀는데요. 수사에 착수한 당국은 지난번 신고 때와 달리 범죄 사실을 샅샅이 밝혀내고 일가족을 사형에 처하기로 결정했습니다.

아리따운 베아트리체와 짐승만도 못한 아버지의 만행! 로마 시민들은 이 가족의 억울한 사정을 알고 정당방위를 주장했다고 하는데요. 그녀는 또 한 번 억울함을 겪습니다. 시민들의 호소에도 아랑곳없이 당시 교황은 그 집안의 재산을 차지하기 위해 끝까지 가족에 대한 사형을 고집한 겁니다. 그렇게 억울하게 죽어가는 그녀를 보기 위해 많은 로마 시민이 모여들었다고 합니다. 그중 화가 귀도 레니도 있었지요. 이때 그녀의 초상을 그렸는데 어쩌면 그녀를 화폭으로라도 옮겨서 살리고 싶었던 건 아닐까요?

16세기 이탈리아 최고의 미녀였지만 사형을 앞두고 있었기에 그녀는 화려한 옷차림이 아닌 수수한 평상복 차림을 하고 있었던 것입니다. 다시 한번 그녀를 가만히 들여다볼까요? 신비스럽게만 보였던 그녀의 눈동자에서 금방 눈물이 흐를 것 같습니다. 억울한 죽음을 앞둔 열여섯 살 소녀의 말로 표현하기 불가능한 서러움이 담겨 있습니다.

어쩌면 스탕달은 그녀의 심경에 공감한 나머지 주저앉고 말았던 걸까요? 베아트리체의 슬픔을 고스란히 담아낸 화가, 그걸 마음으로 느끼고 주저앉은 작가 모두 인간이 가진 공감 능력이 어떤 것인지 알려주는 듯합니다. 연인, 배우자에게 폭력을 행사하는 자들에게 그런 공감 능력은 존재하지 않을 겁니다. 상대방의 아픔을 조금이라도 느낄 수 있다면 그런 짓을 저지를 수 없을 테니까요. 사랑해서 그랬다는 가해자들의 어이없는 핑계의 말은 감히 꺼내지도 말아야 합니다.

올로프 요한 쇤데르마크, 〈스탕달의 초상〉

1840, 유화, 62×50센티, 프랑스 베르사유 궁전

요즘 이런 류의 범죄에 대해 '데이트 폭력'이란 용어를 쓰기도 하는데요. 데이트라는 말을 붙이는 바람에 연인 사이의 사소한 실랑이처럼 여기는 사람도 간혹 있습니다. 그러나 폭력과 사랑은 절대 공존할 수 없습니다. 데이트 폭력이란 말은 남들이 함부로 끼어들면 안 된다는 착시를 일으킬 수 있기 때문에 대단히 부적절한 용

어라고 생각합니다.

최근 들어 사랑을 가장한 범죄를 막기 위한 여러 논의가 일어나고 있는데요. 가장 먼저 2021년 10월 '스토킹 처벌법(스토킹 범죄의 처벌 등에 관한 법률)'이 시행됐습니다. 상대방이 원하지 않는데도 접근하거나 따라다니며 불안감과 공포심을 주는 일을 범죄로 처벌할 수 있게 되었지요. 덕분에 거짓에 속아서, 아니 힘으로 강요된 거짓 사랑에 속아서 그 지옥에 갇히는 일을 그나마 막을 방도가 생겼습니다. 여기서 한발 더 나아가, 이미 그 지옥에 갇혀 고통에 몸부림치는 피해자를 적극적으로 구할 수 있는 법도 뒤를 이어 만들어야 할 것입니다.

단지 그대가 여자라는 이유로

존 윌리엄 워터하우스의 〈판도라의 상자〉

개가 사람을 물면 큰 뉴스가 안 되지만 사람이 개를 물면 아주 큰 뉴스가 된다는 우스갯소리가 있습니다. 예기치 못한 상식 밖의 일이기 때문이지요. 경찰관의 비위나 범죄 행위가 큰 뉴스가 되는 것도 마찬가지입니다. 각종 범죄로부터 시민들의 안전을 지켜야 할 경찰이 도리어 범죄를 저질렀다면 더 큰 비난이 쏟아질 수밖에 없으니까요.

여기 놀라운 사건이 하나 있습니다. 여자 경찰관이 동료 경찰관에게 성폭행을 당한 사건이 있었습니다. 회식 자리가 끝나고 만취한 피해자를 상대로 한 범죄였습니다. 경찰 내부에서 벌어진 일이라 아주 큰 충격을 주었지요.

그런데 사건이 뜻밖의 방향으로 흘렀습니다. 가해자의 잘못이 분명한데도 불구하고 다른 동료들이 피해자인 여자 경찰관을 비난하고 나선 겁니다. 내용인즉 피해자가 거액의 합의금을 요구했다가 거절당하자 고소했다는 거예요. 심지어 피해자에 관한 소문이 너무 좋지 않다면서 휴직을 요구했으며, 경찰의 자격이 없으니 그만두라는 모욕적인 말까지 나왔다고 합니다. 전형적인 2차 가해의 상황이 전개된 것입니다.

이런 안타까운 현실은 비단 이 여자 경찰관에 국한된 게 아닙니다. 성폭력 피해를 호소하는 여성에게 흔히 벌어지는 일이거든요. 성폭력 범죄에 맞서야 하는 경찰 역시 다르지 않았던 겁니다. 다행히 이 사건의 경우 CCTV가 결정적인 도움을 주었습니다. 영상 속의 피해자는 제대로 몸조차 가누지 못하고 있었지요. 결국 자신이 무슨 일을 겪는지조차 모르는 상태에서 가해자에게 속수무책으로 당한 준강간 행위로 판명이 나면서 피해자인 여자 경찰관은 겨우 누명을 벗을 수 있었답니다.

이처럼 세상에 꼭꼭 숨겨진 비밀이 드러났을 때 흔히 '판도라의 상자'가 열렸다는 표현을 쓰곤 합니다. 최근에는 휴대폰이 단순한 통화수단 이상의 갖가지 기능을 탑재하면서 휴대폰이 판도라의 상자가 되는 일이 잦습니다. 주변 인물들과 나눈 대화, 주고받은 메시지는 물론이고 언제, 어느 곳에서 무슨 일을 했는지조차 고스란히 담겨 있으니까요. 그래서인지 법을 잘 안다는 사람들에게 어떤 의혹이 제기될 때면 그들의 휴대전화가 감쪽같이 사라지는 경우가 많습니다. 증거가 될 만한 판도라의 상자를 없애 버리는 것입니다.

휴대폰과 함께 또 하나 판도라의 상자 역할을 하는 것이 바로 CCTV입니다. 요즘엔 도로와 주택가는 물론이고 공공기관이나 일반 회사, 음식점까지 웬만하면 CCTV를 설치하기 때문에 언제 어느 곳에서 찍힐지 알 수가 없습니다.

위 사건에서도 그렇듯이 '판도라의 상자'였던 CCTV가 공개되기 전까지는 주변의 동료들이 피해자를 백안시했습니다. 별다른 근거도 없이 비난의 말을 마구 쏟아냈지요. '그 여자 그럴 줄 알았다.' '성범죄 피해를 입은 사람처럼 보이지 않는다.' '부끄러움을 감추기 위해 억울한 남자를 범죄자로 만들려 했다.'라는 식으로 말입니다.

이런 선입견적 판단의 밑바닥에는 여성에 관한 뿌리 깊은 편견이 자리 잡은 것은 아닐까요? 하필 신화 속 판도라도 여성이라 더욱 그런 확신이 듭니다. 문화인류학적 관점에서 여성에 대한 편견의 역사를 깊이 파고들다 보면 만나게 되는 여인이 바로 판도라입니다. 그리스 신화 속의 여성인 판도라는 서양 화가들의 단골 그림 소재가 되곤 했습니다. 영국 화가 존 윌리엄 워터하우스(John William Waterhouse, 1849~1917)가 그린 〈판도라의 상자〉도 그중 하나입니다.

화가는 각종 신화와 문학 작품 속 여성을 즐겨 그렸는데요. 대개 신비롭고 아름다운 분위기의 여자 주인공이 등장하는 영화 속의 한 장면 같습니다. 그래서 지금도 대중의 많은 사랑을 받고 있지요. 이 작품 또한 마찬가지입니다.

그림 속의 판도라를 한번 볼까요? 호기심에 가득 찬 눈빛으로 상자를 살짝 엿보는 순간을 포착한 그림인데요. 보석이 박힌 황금빛 상자가 마치 제단이라도 되는 것 같은 바위 위에 올려져 있습니다. 상자가 무슨 신성한 제물처럼 느껴지기도 합니다. 그런데 여인의 자세가 좀 특이합니다. 안을 보려면 일어선 자세가 훨씬 편할 텐데 굳이 무릎을 꿇고 있습니다. 게다가 신발도 신지 않은 채 맨발입니다. 상자에 대해 깍듯이 예의를 갖추는 듯한 모습입니다. 그녀는 왜 이렇듯 경건한 자세를 취하고 있을까요?

성경 속 이브가 최초의 여성이라면 그리스 신화 속 최초의 여성은 판도라입니다. 그녀가 탄생하기 전까지 세상에는 남자들뿐이었습니다. 아직 완전하지 않은 세상에서 추위에 떠는 인간들이 불쌍해 프로메테우스와 에피메테우스는 신들의 제왕인 제우스 몰래 불을 훔쳐다 인간에게 전해 주었는데요. 그걸 못마땅하게 여긴 제우스가 일을 꾸밉니다. 대장장이 신에게 진흙으로 아름다운 여인을 빚게 했습니다. 바로 최초의 여성인 판도라였습니다.

존 윌리엄 워터하우스, 〈판도라의 상자〉

1898, 캔버스에 유화, 152×91센티, 개인 소장

제우스는 판도라를 인간 세상에 있던 에피메테우스에게 보내며 상자 하나를 주었는데요. 절대로 열어보면 안 된다고 엄포를 놓았습니다. 제우스에게 호의를 받을 이유가 전혀 없는데도 에피메테우스는 그녀를 아내로 맞았지요. 신혼살림을 차린 판도라는 처음에는 행복했습니다. 하지만 사람 마음이 꼭 그렇잖아요. 하지 말라고 하면 꼭 더욱 하고 싶은 욕망이 들끓게 되지요.

판도라는 결국 유혹에 못 이겨 제우스가 준 상자를 열었습니다. 그 순간 상자 속에서 슬픔, 분노, 질병 같은 재앙들이 빠져나와 세상 곳곳에 퍼져 나갔습니다. 놀란 판도라가 서둘러 상자를 닫은 덕분에 그나마 인간에게 희망이 남았다고 합니다. 어떻게 보면 손대지 말라는 선악과를 딴 성경 속 이브와도 닮은꼴인데요.

신의 명령을 어긴 것은 잘못이지만 왜 애당초 지키기 어려운 숙제를 만들어 인간을 시험에 들게 만드는지 모를 일입니다. 어찌 보면 제우스도 하느님도 꽤 심술궂은 존재라 아니할 수 없습니다. 아주 얄궂은 방법으로 인간을 골탕 먹이니까요. 더구나 모든 책임을 신이 아닌 판도라와 이브라는 여성에게 돌리고 있다는 공통점도 있습니다.

아마도 이것은 고대인이 지닌 여성에 대한 차별적인 시각을 반영한 것이 아닐까요? 비슷한 예는 판도라 말고도 그리스 신화 속에서 얼마든지 찾을 수 있습니다. 눈을 마주치면 돌덩이로 변해 버린다는 괴물 메두사는 원래 아름다운 여인이었습니다. 그 미모가 '숨이 멎을 정도로 아름답다.'라고 표현할 정도였지요. 그러나 저주를

아놀드 뵈클린, 〈메두사〉

1878, 패널에 유화, 39×37센티, 독일 누렘베르크 국립박물관

받아 미를 상징하는 머리칼이 뱀으로 변해 버리고 말았습니다. 지나가는 뱃사람을 상대로 치명적인 매력을 뽐냈던 세이렌도 마찬가지예요. 아름다운 목소리 때문에 바다에 몸을 던져 죽어야 했으니까요. 이들의 재앙 뒤에는 여성이 지닌 치명적 미모나 매력이 숨어 있었습니다. 그래서 저주가 뒤따른 것이고요.

그런데 더 가혹한 저주는 따로 있을지 모릅니다. 여성에 대해 이런 식의 사회적 선입견을 갖게 만든 일이야말로 진짜 저주일 겁니다. 지금까지도 모험을 소재로 한 영화, 드라마를 보면 가지 말라는 곳으로 가고, 열지 말라는 것에 손대는 역할은 주로 여자가 맡습니다. 이슬람 문명은 지금도 여성의 머리부터 발끝까지 온몸을 감추도록 강요하고 있습니다. 동양에는 '경국지색'이란 말도 있지요. 위정자의 잘못으로 나라가 망했는데 한 여인의 아름다움 때문이라고 핑계를 돌린 겁니다.

동서고금을 막론하고 여성에게 부당하게 가해진 저주로부터 이제는 벗어나야겠습니다. 판도라가 만들어졌을 때 제우스는 주변의 신들에게 한 가지씩 재능을 기부하도록 했습니다. '판도라'라는 이름 자체가 '많은 선물을 받은 여인'이라는 뜻인데요. 여성의 잠재적 재능이 그만큼 많다는 의미일 것입니다. 그뿐 아니라 신화에 따르면 인간의 문명은 판도라로부터 시작되었습니다.

신화까지 따질 필요 없이 모든 인간은 여성인 어머니에게서 태어났습니다. 여성이라고 재능은 빠지고 재앙만 물려받았을 리는 없습니다. 그럼 그 여인의 자손인 남성도 똑같아야 하지 않을까요? 남녀가 사회적 편견 없이 평등한 가치를 인정받을 때 단지 여성이라는 이유만으로 받는 부당한 차별도 없어지고, 더 살기 좋은 세상으로 한 걸음 나아갈 것이라 믿습니다.

인생의 어두운 그림자까지 사랑하자!

렘브란트의 〈사도 바울풍의 자화상〉

요즘 고령층이 많은 지역의 노인 복지관이나 경로당에서는 성희롱 예방 교육, 성평등 교육 프로그램을 운영하는 곳이 많다고 합니다. 최근에 사회 전반에 '성인지 감수성'이 빠르게 변화하고 있지만, 이를 따라잡지 못하는 노인들이 많기 때문이지요. 노인들이 덕담인 양 아무 생각 없이 툭 내뱉는 발언이 성희롱에 해당할 수도 있고, 예전의 관습대로 허락 없이 신체 접촉을 하다 큰 말썽을 빚는 경우가 종종 있습니다. 어떤 분들은 아무리 잘못을 지적해도 태도를 바꾸지 않아 주변을 곤란하게 만들기도 하는데요. 평생 그렇게 살아왔는데 왜들 그러냐고, 그저 예뻐서 그랬을 뿐이라면서 오히려 역정을 내는 경우도 있답니다.

물론 예전에 그런 시절도 있었습니다. 지금이라면 엄두도 못 낼 성차별과 성희롱 발언과 행동이 아무렇지도 않게 이루어졌으니까요. 동네 어르신들이 재미 삼아 어린아이들의 성기를 툭툭 치며 놀리는 일도 흔했습니다. 하지만 세상은 그때와는 너무나 다릅니다. 이 사실을 외면한 채 아집을 부리다 형사처벌까지 받는 사례도 꾸준합니다. 집 근처 놀이터에서 마주친 아이에게, 자신을 돌봐주던 간병인에게 함부로 손을 대는 바람에 말년을 교도소에서 보내기까지 합니다.

사람은 누구나 자신이 살아오던 방식을 고집하기 마련입니다. 그에 반해 현대사회는 굉장히 빨리 바뀌고 있습니다. 이 때문에 바람직한 '어른'의 자리를 찾기가 쉽지 않습니다. 꼭 노인에게만 해당하는 상황이 아닙니다.

요즘의 분위기를 파악하지 못하고 옛일을 자주 이야기하거나 구식 잣대를 꺼내면 곧바로 "라떼는 말이야!"라는 농담 섞인 비난이 귀에 꽂히곤 하지요. 자꾸 그러다가는 나이에 상관없이 '꼰대'가 될 수도 있습니다. 그런 이미지가 굳어지면 기피와 멸시의 대상으로

렘브란트, 〈사도 바울풍의 자화상〉

1661, 캔버스에 유화, 91×77센티, 네덜란드 암스테르담 국립박물관

전락할지도 모릅니다. 남의 눈에 어떻게 비치느냐의 문제가 뭐 그리 중요하냐고 반문할 수도 있으나 뭇 사람들의 시선 속에서 자기 자리를 찾지 못하면 스스로의 삶이 불행해질 수 있습니다. 그러니 늘 자기 스스로의 모습을 되돌아봐야 합니다. 화가의 심정이 되어 자화상을 그려봐야 하지요.

17세기 네덜란드의 거장 렘브란트(Rembrandt Harmenszoon van Rijn, 1606~1669)는 자화상으로 유명한 화가입니다. 명성과 부를 누리던 젊은 날부터, 주변의 관심을 잃고 가난에 시달린 노년에 이르기까지 80점이 넘는 자화상을 남겼습니다. 처음엔 화법을 연구하기 위해서 스스로의 모습을 그렸다고 하는데요. 울고, 웃고, 찡그리고, 화를 내는 모습 등 다양한 얼굴 표정을 그렸습니다. 마치 거울을 보며 연기 연습을 하는 배우와 같다고 할까요? 그는 다양한 인물상을 그리기 위해 작업실에 의상과 소품까지 준비하는 치밀함을 보였는데요. 악사, 신사, 군인, 신화 속 인물은 물론 여성의 모습으로 분장하기도 했답니다.

요즘은 카메라가 일반화되었기 때문에 굳이 그럴 필요가 없습니다. 모델에게 이런저런 포즈와 표정을 요구하면서 한 번에 수십, 수백 장의 사진도 찍을 수 있으니까요. 하지만 렘브란트가 살던 시대는 그럴 수가 없었기 때문에 자신을 모델 삼아 습작을 한 겁니다. 기뻐하거나 슬퍼하는 얼굴의 섬세한 감정을 연구하고 분석해 그림으로 옮긴 것인데요. 가만히 있는 얼굴 표정 하나에 어떻게 그런 많은 감정을 담을 수 있는지 경이로울 정도입니다. 렘브란트는 자연

렘브란트, 〈흰 깃털 모자를 쓴 자화상〉
1635, 유화, 90.5×71.8센티,
영국 내셔널 트러스트

렘브란트, 〈납작한 모자를 쓴 자화상〉
1642, 유화, 70.4×58.8센티
영국 로열 컬렉션

스레 세월에 따른 얼굴의 변화도 자화상에 담았습니다. 자신감 넘치는 젊음의 얼굴도, 연륜을 더한 노년의 얼굴도 스스로의 모습으로 받아들인 것입니다.

종교나 철학의 수행법에서 나온 '관조'라는 말이 있습니다. 국어사전에는 '고요한 마음으로 사물이나 현상을 관찰하거나 비추어 보다.'라는 뜻으로 정리하고 있는데요. 한 번쯤 스스로를 이런 관조의 눈으로 바라보면 어떨까요? 기쁨이나 슬픔을 느끼며 깊은 감상에 빠진 자신과 그걸 바라보는 자신을 분리하는 겁니다. 흘러가는 강물을 바라보지만, 물에 휩쓸리지 않는 것처럼 말입니다. 자화상을 그리면서 렘브란트는 스스로의 모습을 제삼자인 듯 바라보면서 동시에 존재에 대한 깊은 성찰까지 한 게 아닐까 싶습니다.

여기 소개한 〈사도 바울풍의 자화상〉은 렘브란트가 세상을 떠나기 9년 전인 1661년 사도 바울의 모습을 취하고 그린 작품입니다. 깊게 팬 주름과 희끗희끗 바랜 머리칼이 세월의 흔적을 뚜렷이 보여줍니다. 입술을 굳게 다문 채 마치 관객의 정면을 바라보는 듯한 눈빛은 깊고 그윽하지요. 어쩌면 달관한 듯, 어쩌면 고독한 듯, 어쩌면 할 말을 내면 깊이 쌓아둔 듯한 표정으로 화면 밖을 응시합니다. 오랜 시간 스스로의 생을 관조했을 눈으로 인생의 의미를 관객에게 전하는 듯합니다.

말년의 렘브란트는 객관적으로 불행했습니다. 아내와 아들은 그보다 먼저 세상을 떠났고요. 더 이상 그림이 팔리지 않아 경제적 어려움을 겪었지요. 그런 처지에서 허덕이는 스스로의 비참한 모습 역시 있는 그대로 받아들여 화폭에 옮겼습니다. '빛의 화가'로 유명했던 렘브란트는 인생의 밝은 빛뿐 아니라 어두운 그림자까지 모두 자화상 속에 담아낸 것이지요.

우리가 존경받는 '어른'이 되지 못하는 이유는 무엇일까요? 세상의 변화는 고사하고 스스로의 변화조차 받아들이지 못하기 때문일지도 모릅니다. 좋은 시절, 혹은 익숙한 세상만 기억하려 들면서 그냥 육체의 나이만 들었을 뿐입니다. 거울에 비친 오늘의 모습 속에서 지나온 세월을 함께 더듬어보면 어떨까요? 아니면 수년간 찍어놓은 사진들을 넘겨보며 오늘의 나를 비교하는 것도 좋을 겁니다. 자신으로부터 한 발자국 떨어져 스스로를 관조하면서, 세상이라는 큰 그림 속의 나는 어떤 모습이며 어디에 놓여 있는지 자신의 본모습을 찾아보는 겁니다.

마음이 배부른 소박한 상차림

폴 고갱의 〈식사〉 혹은 〈바나나〉

퀴즈 하나 내볼까요? 설이나 추석 명절 무렵이면 늘어나는 게 있습니다. 뭘까요? 바로 이혼 상담입니다. 명절이면 오랜만에 만난 가족들이 밀린 정을 나눌 수 있어야 하는데요. 반대로 갈등을 겪는 가정이 많습니다. 갑작스러운 일이라기보다 쌓였던 갈등이 명절을 계기로 폭발하는 것일 텐데요. 갈등 요소 중 으뜸은 상차림입니다.

명절이면 평소에 먹지 못했던 음식들이 한 상 가득 올라옵니다. 갈비찜, 생선구이, 제철 과일, 그리고 빼놓을 수 없는 각종 전 등…. 이걸 차리자면 보통 노고가 아닐 텐데요. 대개는 여자분들이 음식을 차리는 역할을 떠맡는데, 정성을 다하다 보면 정작 당사자는 고통스러울 때가 많습니다. 종일 기름 냄새에 시달리다 보면 입맛을 잃기 마련이고요. 오죽했으면 추석 음식을 하니 마니 다투다 아내가 남편을 흉기로 공격하는 일까지 벌어졌을까요? 아내는 특수상해로 수사를 받으며 명절을 보내야 했습니다. 남편이 크게 다치지 않아서 그나마 다행이었지요.

명절 때마다 이런 논란이 발생하다 보니 2022년에는 전통 규범을 대변하는 성균관이 나섰습니다. 추석을 맞아 차례상을 어떻게 차리는지 표준안을 제시했는데요. 차례상에 올리는 음식이 많아도 아홉 가지를 넘기지 말 것이며 '홍동백서' '조율이시'는 예법에 근거가 없으니 따르지 않아도 된다고 했습니다. 무엇보다 전 종류가 빠진 것이 눈에 띄었는데요. 문헌에 따르면 기름을 쓴 음식은 오히려 예에 어긋난다고 합니다.

사실 예법이라는 것도 시대에 따라 달라집니다. 우리의 전통적인 장례식 복장은 흰색의 삼베옷이었지만 어느 순간 까만색 정장을 입는 게 일반적인 예법이 되었지요. 서구 문명의 이입에 따른 시대의 변화와 흐름에 맞춰 변화한 것이지요. 차례상도 마찬가지일 겁니다. 과거 가족 친지가 한 동네에서 농사를 짓던 시절에야 명절이면 이것저것 풍성하게 음식을 나누는 것이 미덕이었지만 지금은 그런 시대가 아니잖아요. 어떻게 하면 몸에 붙은 살을 뺄까, 별의별 궁리를 하는 시대에 살고 있으니 상다리가 부러지게 차례 음식을 만드는 건 오히려 낭비에 가깝습니다.

우리가 지향해야 할 바람직한 상차림에 대해 성찰해 볼 수 있는 명작이 하나 있습니다. 폴 고갱(Paul Gauguin, 1848~1903)이 남긴

〈식사〉 혹은 〈바나나〉라고 부르는 작품입니다. 고갱이라고 하면 강렬한 색채로 표현한 타히티의 풍경과 자연스레 몸을 드러낸 원주민 여인들의 모습을 떠올리는데요. 이 그림은 그것과는 거리가 멀지요. 덩그러니 놓인 바나나 송이, 키다란 사발에 담긴 코코넛 우유, 엉뚱하게 유럽 감성을 드러낸 도자기와 열대과일 몇 개가 그림의 주요 소재입니다. 원제는 '식사(The meal)', 그러니까 타히티의 먹거리를 그린 정물화인데요. 솔직히 먹거리를 소재로 한 식탁치고는 너무 썰렁해 보입니다. 뒤편에 자리 잡은 두 소년과 한 소녀 역시 식탁의 음식에 별반 관심을 보이는 것 같지도 않습니다.

이 작품을 제대로 감상하기 위해서는 먼저 화가인 고갱에 대해 알아볼 필요가 있는데요. 사실 그는 처음부터 화가의 길을 간 게 아니었습니다. 원래 증권거래소에서 일하는 직장인이었지요. 지금으로 치면 억대 연봉을 받는 '증권맨'인 셈입니다. 그림은 취미였고, 미술품 수집과 거래로 짭짤한 부수입을 얻기도 했습니다. 그런데 지금도 그렇지만 주식은 변동 폭이 워낙 크기 때문에 언제 어떤 상황이 올지 알 수 없습니다.

어느 날 주식시장의 폭락을 계기로 고갱은 화가의 길을 선택합니다. 자본주의의 전쟁터 같은 곳에서 일했던 까닭일까요? 고갱은 예술가로서의 영감을 얻기 위해 남태평양의 섬 타히티로 훌쩍 떠납니다. 그의 말을 빌리자면 '벌거벗었는데도 음란해 보이지 않는' 곳으로요. 문명의 때가 전혀 묻지 않은 원시의 자연과 순박한 원주민들의 삶에 매료된 고갱은 이곳을 원천으로 삼아 수많은 명작을 그

폴 고갱, 〈식사〉 혹은 〈바나나〉

1891, 캔버스에 유화, 73×92센티, 프랑스 파리 오르세 박물관

려냈습니다.

지금도 타히티는 세계적인 휴양지이지요. 서구 문화권에서 '낙원'이라고 하면 흔히 타히티와 같은 열대의 섬을 연상하곤 합니다. 해변에서 벌거벗은 채 이국적인 과일 향기에 취하면서 특별한 일 없이 그저 자연 속에서 멍때릴 수 있는 곳! 낙원이 뭐 별겁니까? 태어난 그대로의 몸으로도 부끄럽지 않고, 일하지 않아도 추위와 배고픔에서 자유로운 곳이 바로 낙원 아닐까요?

그렇게 보면 고갱의 그림이 다르게 다가옵니다. 만약 저 식탁에 갈비찜과 각종 전, 구이가 올라가 있다고 생각해 보세요. 타히티 여인들이 그렇게 차려야 했다면 한가로이 맨발로 원시림을 거니는 마음의 여유가 있었을까요? 절대 그럴 수 없었을 겁니다.

사실 명절, 특히 추석은 일 년 동안 땀 흘려 일했던 결실을 거둔 뒤 풍성한 수확을 즐기자는 의미에서 생겨난 풍속일 텐데요. 먹을 것이 부족해 늘 굶주림에 시달리던 농경시대에 그날만은 '낙원'이었을 겁니다. 그러나 지금은 달라졌습니다. 명절이 낙원이 아니라 더 힘든 날이 되곤 합니다.

명절이 괴로운 것은 비단 여성만이 아닙니다. 대학은 어디로 갈 거냐, 대학생이라면 취업은 언제 하냐, 그다음엔 결혼을 언제 하느냐, 결혼했다면 애는 언제 낳을 거냐 등 곤혹스러운 질문을 끊임없이 들어야 합니다. 물론 반가운 마음에서 덕담으로 던지는 말이라고 해도 듣는 사람은 괴로울 수밖에 없습니다. 아무리 맛있는 음식도 순식간에 눈칫밥으로 변해 버립니다. 명절의 본질은 어디로 가

버리고 불편한 기억만 남는 것이지요.

문득 성경 속 일화 한 편이 떠오릅니다. 하루는 예수님이 어느 집을 방문했지요. 귀한 손님이 오셨다고 난리가 났습니다. 그 집에는 자매가 있었는데요. 언니는 음식을 차리느라 쉴 새 없이 움직인 반면 동생은 예수님 곁에 편안히 앉아 말씀을 들었다고 해요. 부아가 난 언니가 동생을 나무라면서 예수님에게도 불만을 토로했지요. 그러자 예수님이 이렇게 답했답니다. 언제 밥 차려 달라 했느냐고, 언니가 차리는 몸의 양식과 자신이 주는 마음의 양식 가운데 어느 것이 중요하냐고 말입니다.

오랜만에 마주하는 가족들, 가뜩이나 세파에 지쳤을 그들에게 명절날 단 하루만이라도 바깥세상을 떠올리지 않도록 해주면 어떨까요? 사회적 지위, 신분 따위 잠시나마 벗어 놓고 어린아이로 돌아갈 수 있게끔, 있는 그대로의 모습으로 안아주면 얼마나 좋을까요? 지친 몸을 잠시라도 쉴 수 있게끔, 느끼한 기름 냄새로 명절의 공기를 숨 막히게 하지 않는다면 얼마나 좋을까요? 그러면 고갱의 그림처럼 상차림은 투박해도 명절날이 그 어느 열대의 섬보다 포근한 낙원이 되지 않을까요? 마음이 불편하면 아무리 진수성찬이라도 허기가 질 테지만 마음이 따뜻하면 음식이 소박해도 절대 허기가 지지 않는 법이니까요.

제3부

세상에 길을 물을 때

본다는 일은
그저 보이는 것을 받아들이는
수동적인 행위가 아닙니다.
마음이 가는 곳을 보고,
그렇게 본 것이 다시 마음을 만듭니다.
내 눈에 비치는 것은 결국
내 생각과 마음을 이루게 됩니다.

커튼을 친 대낮의 나체쇼

존 콜리어의 〈레이디 고다이바〉

시계, 안경, 텀블러, 자동차 열쇠…. 이 물건들의 공통점은? 아무것도 없습니다. 그저 생활 주변에서 흔하게 볼 수 있는 물건일 뿐이지요. 하지만 속을 분해해 보면 얘기가 달라집니다. 안에 초소형 카메라를 장착할 수 있는 물건이기 때문입니다. 구하기 어려운 것도 아닙니다. 마음만 먹으면 언제든 쉽게 손에 넣을 수 있습니다. 그래서일까요? 뜸하다 싶으면 한번씩 불법 촬영 관련 뉴스가 터집니다. 대개 피해자는 여성인데요. 지하철, 버스 같은 대중교통, 공중 화장실, 목욕탕은 물론이고 다니는 회사나 학교 강의실, 심지어 사는 집까지 파고듭니다. 안심할 공간이 따로 없는 셈입니다.

몰래카메라는 대개 범죄의 도구로 사용되기 쉽습니다. 실제로 숙박업소 한 곳을 통째로 대상으로 한 대담한 범죄가 일어났는데요. 일당은 모텔 직원을 매수해 모든 객실에 초소형 카메라를 설치했습니다. 객실 안 컴퓨터 모니터에 지름 1밀리미터짜리 렌즈를 심었지요 그렇게 촬영한 영상으로 피해자들에게 돈을 요구했는데요. 투숙객들의 개인정보까지 확보한 것으로 보입니다.

과학기술이 발달하면서 초소형 카메라의 성능은 점점 더 좋아지고 정교해지고 있습니다. 불순한 목적을 가지고 감쪽같이 숨겨놓으면 이걸 누가 알아볼 수 있겠습니까? 피해자들은 무방비로 당할 수밖에 없습니다.

2021년 국제인권감시기구(Human Rights Watch)는 「내 인생은 당신의 포르노가 아니다.」라는 보고서를 내놨는데요. 디지털 성범죄 피해자를 비롯해 수사관, 정부 관료, 전문가들을 인터뷰한 내용으로 작성한 것입니다. 그 보고서에서 한국을 불법 카메라 범죄의 선두국가로 꼽았습니다. 국제적인 망신을 살 정도로 심각한 상황이며, 부끄러운 우리의 자화상입니다. 사실 보고서 제목 자체도 이 문제를 해결해 달라며 2018년 혜화역에서 열린 시위에서 따온 것입니다.

도대체 그들은 왜 누군가의 삶을 훔쳐보는 것일까요? 훔쳐보기에 관해서 우리에게 깊은 울림을 주는 명작이 하나 있습니다. 존 콜리어(John Collier, 1850~1934)의 〈레이디 고다이바〉란 그림입니다. 명화에 문외한일지라도 어디선가 한 번쯤 봤을 작품이지요. '아, 이 그림!' 하면서 기억을 더듬어보는 독자도 있을 겁니다.

그림을 보면 새하얀 백마에 실오라기 한 올 걸치지 않은 젊은 여인이 올라타 있습니다. 휘장이 새겨진 붉은 안장과 장신구에 비춰볼 때 신분이 높은 여성임을 알 수 있습니다. 서양에서 보통 나체를 그릴 땐 실내를 배경으로 삼는 게 대부분입니다. 이 작품은 확트인 야외인 데다 햇살이 환히 비치는 대낮입니다. 좀 이상한 것은 환한 대낮인데도 불구하고 길거리에 아무도 보이지 않는다는 점입니다.

도대체 이 그림에는 어떤 비밀이 숨어 있을까요? 그림 속 주인공은 11세기 영국 코번트리 지역 영주의 부인인 '고다이바'입니다. 남편인 레오프릭 백작은 영주의 권한을 남용해 주민들에게 과도한 세금을 부과했습니다. 보다 못한 고다이바가 무거운 세금을 덜어달라고 몇 번이나 애원했습니다. 하지만 백작은 못 들은 척 그 말을 무시해 버렸지요. 그래도 간청을 멈추지 않자 화가 난 남편은 황당한 조건을 내걸었답니다. 주민을 아끼는 당신의 마음이 그토록 지극하다면 그들이 모인 저잣거리를 알몸으로 말을 탄 채 지나가 보라고 말입니다.

웬만한 담력과 배짱이 아니면 남자도 하기 어려운 일을 여자의 몸으로 어떻게 할 수 있겠습니까? 게다가 당시는 11세기 중세 유럽이었습니다. 여성이 발목을 드러내는 일조차 허용하지 않은 시대였지요. 그러니 남편의 의도는 빤한 것 아니겠어요? 가능성이 1도 없는 조건을 내걸어 아내가 아예 그 말을 입 밖에 꺼내지도 못하게 만들 심산이었지요.

존 콜리어, 〈레이디 고다이바〉

1898, 캔버스에 유화, 142.2×183센티, 영국 코번트리 허버트 미술관

하지만 뜻밖에도 고다이바는 결단을 내렸습니다. 생활고에 시달리는 주민들을 위해 자신을 희생하기로 마음먹은 겁니다. 그 소식에 크게 감동받은 코번트리의 주민들은 그녀가 나체 상태로 나서는 시각에 모두 집 안에 머물기로 굳게 약속했습니다. 창문을 닫고, 커튼을 내려 그녀를 지켜주기로 한 겁니다. 길거리가 쥐 죽은 듯 고요한 건 그 때문이지요.

이 작품은 그 장면을 묘사하고 있습니다. 그녀의 용기 있는 행동과 주민들의 깊은 배려심을 화가의 상상력으로 그려낸 것입니다. 그림 속 그녀를 다시 한번 살펴봅니다. 고개를 떨군 덕분인지, 절묘하게도 적절히 몸을 가려준 화가의 배려 덕분인지 무척 아름답지만 선정적이지 않습니다. 우아한 기품이 느껴지기까지 합니다.

지금도 코번트리에는 고다이바의 동상이 있다고 하는데요. 지역 주민들은 해마다 그녀를 기리는 시가행진을 한답니다. 유명한 초콜릿 이름 역시 그녀로부터 유래했다고 해요.

그런데요. 그런 숭고한 분위기를 모른 척한 놈이 하나 있었습니다. 당시 재단사 '톰'이란 자가 문틈으로 고다이바를 훔쳐본 겁니다. 지금도 서구에서 관음증 환자를 가리켜 '피핑 톰(Peeping Tom)'이라고 부르는 건 바로 여기서 비롯된 말입니다. 신이 그의 눈을 멀게 했다는 뒷이야기가 있는 것으로 봐서 당시 사람들에게 엄청난 미움을 받은 모양입니다. 사실 톰과 같은 자는 어느 사회나 있기 마련인데 21세기 대한민국의 이름에 먹칠을 하는 자들도 이와 같겠지요.

그렇다면 재단사 톰은 도대체 어떤 정신 상태이기에 자신을 위해 희생하는 그녀를 욕되게 한 것일까요? 관음증의 원인은 아직도 정확하게 알 수 없습니다. 심리학자들에 따르면 성장기에 겪은 잘못된 관계가 불러오는 질환이라고 하는데요. 겉으로 보이는 증세가 없으니 당사자를 불러다 놓고 치료를 할 수도 없는 노릇입니다.

가해자는 단순한 호기심 때문에 그랬다고 핑계 댈 수도 있겠지요. 하지만 문제는 피해자에게 엄청난 정신적 고통을 가져다준다는 점입니다. 그래서 훔쳐보기가 단순한 호기심이 아닌 엄연한 범죄행위라는 사실을 널리 알릴 필요가 있습니다. 수사기관이나 사법부도 불법 카메라를 이용한 범죄를 막기 위해 예전보다 더 강력히 처벌하고 있고요. 정부와 지방자치단체도 대중이 이용하는 장소를 안전하게 관리하기 위해 애쓰고 있긴 합니다. 그래도 근절하기 어려운 걸 보면 뭔가 더 적극적인 해법이 필요하지 않나 싶습니다.

고다이바로부터 유래한 용어가 하나 더 있는데요. 관행이나 상식을 뛰어넘는 대담한 실천을 '고다이버이즘(Godivaism)'이라고 합니다. 그녀의 행동이 워낙 파격적이었기 때문에 생겨난 말이지요. 1밀리미터도 안 되는 초소형 카메라가 동원되는 첨단 범죄에 맞서기 위해서는 고다이버이즘이라 일컬을 만한 파격적인 조치가 필요하리라 생각됩니다.

아울러 피해자를 향한 주위의 시선도 파격적으로 바뀌어야 합니다. 불법 카메라의 피해자들이 겪는 고통은 그걸 수치스럽게 받아들이는 사회적 환경 때문에 더욱 커집니다. 아무런 죄책감도 없이 서로 불법 영상물을 주고받고, 온라인을 뒤지는 일은 2차 가해에 해당합니다. 피해자가 이런 상황을 못 견디고 괴로워하다 결국 극단적인 선택을 하는 경우까지 있습니다.

우리는 꼭 기억해야 합니다. 부끄러워야 할 사람은 관음증에 빠진 21세기의 톰이지 결코 피해자가 아니란 사실을 말입니다. 고나이바를 위해 코번트리의 주민들이 그런 것처럼 우리도 피해자를 위해 창문을 닫고 커튼을 칩시다. 그것이 불특정 다수를 상대로 한 불법 카메라의 범죄로부터 우리 스스로를 지키는 일이 될 것입니다.

공든 탑은 어떻게 무너지는가?

피테르 브뤼헐의 〈바벨탑〉

2022년 6월 21일은 대한민국의 우주개발 역사에서 기념비적인 날입니다. 우리나라가 자체 개발한 위성발사체 '누리호'를 고도 700킬로미터 상공에까지 쏘아 올려 우리의 힘만으로 인공위성을 띄우는 데 성공했기 때문이지요. 총 길이 47.2미터, 중량 200톤 규모의 하얀 발사체가 불을 뿜으며 하늘로 치솟는 모습은 흡사 승천하는 한 마리 용과 같았습니다. 2010년 3월부터 12년 3개월 동안 250여 명의 인력이 매달려 이루어낸 성과였지요. 이로써 한국은 세계에서 실용급 위성을 발사할 수 있는 7번째 나라가 되었답니다. 우주 공간에 당당하게 한 발 더 앞으로 내디딘 것입니다.

인간이 우주를 동경한 역사는 아주 오래되었습니다. '달나라 토

끼'처럼 밤하늘에 얽힌 전설은 전 세계 어느 나라에나 있습니다. 대개는 날개옷을 입은 선녀가 머무르는 천상의 공간으로 그려졌습니다. 닿을 수 없기에 더욱 신비롭고, 그리워하기에 더욱 간절한 미지의 공간이었지요.

신의 영역에 속한 곳을 감히 넘보는 불경한 짓을 저지른 그야말로 간 큰 인간들이 있기도 했는데요. 가장 대범한 시도는 아마 성경의 창세기에 나오는 '바벨탑'의 전설일 겁니다. 성경을 그대로 인용하면 이렇습니다.

> "어서 도시를 세우고 그 가운데 꼭대기가 하늘에 닿게 탑을 쌓아 우리 이름을 날려 사방으로 흩어지지 않도록 하자."
>
> 야훼께서 땅에 내려오시어 사람들이 이렇게 세운 도시와 탑을 보시고 생각하셨다.
>
> "사람들이 한 종족이라 말이 같아서 안 되겠구나. 이것은 사람들이 하려는 일의 시작에 지나지 않겠지. 앞으로 하려고만 하면 못할 일이 없겠구나. 당장 땅에 내려가서 사람들이 쓰는 말을 뒤섞어 놓아 서로 알아듣지 못하게 해야겠다."
>
> 야훼께서는 사람들을 거기에서 온 땅으로 흩으셨다. 그리하여 사람들은 도시를 세우던 일을 그만두었다. 야훼께서 온 세상의 말을 거기에서 뒤섞어 놓아 사람들을 흩으셨다고 해서 그 도시의 이름을 바벨이라고 불렀다.
>
> — 『공동번역 성서』 중에서

페테르 브뤼헐, 〈바벨탑〉

1563, 패널에 유화, 114×155센티, 오스트리아 빈 미술사 박물관

혹자는 '바벨탑'이 단순한 전설이 아니라 역사적 사실에 근거를 둔 것이라 말하기도 합니다. 메소포타미아 지역을 평정한 고대 국가의 모태였다고 하지요. 신화든 역사든 간에 인류의 위대한 첫 번째 시도는 신의 분노를 사는 바람에 무산됐는데요. 화가들은 이미 사라지고 없는 바벨탑을 무한한 상상력을 동원하여 복원해 냈습니다. 피테르 브뤼헐(Pieter Brueghel, 1527~1569)의 작품 〈바벨탑〉이 대표적입니다. 원추형의 거대한 탑이 구름을 뚫고 거대하게 솟아 있습니다. 비행기에서 내려다보는 풍경처럼 까마득하게 표현된 도시와 건물들이 그 규모를 짐작하게 합니다.

하지만 탑은 이미 허망하게 무너져 내린 모습입니다. 전체가 삐딱하게 왼편으로 기울어져 있고요. 탑의 중앙과 오른편이 속절없이 허물어져 폐허처럼 보입니다. 아마도 탑의 아래쪽이 채 완성되지도 않았는데 위로 쌓아올리다 이런 참사를 겪은 것처럼 보입니다. 한마디로 무리한 건축 공사였던 겁니다.

그림 왼쪽에는 수행원들을 거느리고 언덕배기에 올라 있는 왕이 보이는데요. 현장 책임자들이 바닥에 납작 엎드려 상황 보고라도 하는 모양새입니다. 한낱 인간인 왕이 신에게 도전하면서 다른 인간들의 경배를 받는 오만한 모습을 은근히 꼬집은 것 같습니다.

브뤼헐이 바벨탑을 그렸던 당시의 네덜란드 지역은 정치적, 사회적으로 혼란을 겪고 있었습니다. 바깥으로는 스페인과 전쟁을 치르고 있었고요. 안으로는 가톨릭과 개신교의 대립으로 혼란스러웠습니다. 굳이 신이 개입할 필요가 없을 만큼 서로 흩어진 채 다투던

상황이지요. 따라서 이 작품은 그러한 현실에 대한 화가의 비판의식이 고스란히 투영된 것처럼 보입니다. 바벨탑을 세운 인간들이 그런 것처럼 분열하고 싸우면 모두 망한다는 경고를 담은 작품처럼 해석할 수 있으니까요.

사실 이 그림은 우리에게 시사하는 바도 큽니다. 신의 영역에 속하는 우주를 향해 누리호를 띄운 위대한 대한민국이지만 속사정은 다소 걱정스럽습니다. 다양한 국민의 뜻을 하나로 모아 앞으로 전진해야 할 정치권이건만 실상은 이와 반대입니다. 각자 정파의 목소리만 강조합니다. 신이 언어를 다르게 만들기라도 한 것처럼 서로의 말을 들을 생각조차 하지 않습니다.

국회라는 공간에서 해결해야 할 문제들을 자꾸만 법원으로 가져갑니다. 그렇게 해서 자신들의 뜻을 관철한 쪽에서는 '사법의 독립'이라 칭송하고, 좌절당한 쪽에서는 '사법의 정치화'라며 비판합니다. 심지어 같은 정당 안에서도 그런 일이 벌어지기도 합니다. 당원과 국민의 참여로 선출한 당 대표를 축출하려다 법원에 의해 제동이 걸리자, 판결에 불복한 채 판사의 정치적 성향 운운하며 똑같은 절차를 다시 반복해 눈살을 찌푸리게 만든 일도 벌어졌습니다.

정치적으로 풀어야 할 문제를 고소나 고발을 남발하여 형사 절차로 끌고 가는 일도 빈번합니다. '민주주의의 꽃'이라는 선거가 끝나면 그 열매를 맺는 일보다 패자에 대한 대대적인 수사로 나라가 흔들립니다. 누구에게나 공정해야 할 법과 제도가 권력의 입맛대로 움직이는 것은 아닌지 우려스럽습니다.

그러다 보면 자연스레 사법에 관한 국민의 신뢰도가 떨어질 수밖에 없습니다. 원래 분쟁을 해결하는 것이 법원이고, 정치인도 잘못을 저지르면 처벌받는 게 당연하지 않느냐고 반문할 수 있습니다.

안타까운 사실이지만 꼭 그렇지는 않습니다. 재판에서 다루는 대상은 복잡한 진실 가운데서 아주 작은 단편일 수밖에 없습니다. 판사는 앞뒤의 전체 맥락에 따라 온전히 진실을 밝히고 판가름하는 신이 아닙니다. 오로지 심판의 대상에 오른 일에 관해서만, 각자가 내세운 증거에 의해서만 법의 조항을 들어 판단할 따름입니다.

예컨대 거대한 바벨탑의 못 하나가 설계와 다르게 박힐 수 있습니다. 그렇더라도 건물 전체의 부실은 아니지요. 하지만 법적으로는 잘못된 못 하나로도 유죄가 되어 큰 처벌을 받곤 합니다. 정치의 영역을 법원에서 다투면 그와 비슷한 오류가 생길 수 있습니다. 설령 법원이 옳고 그름을 제대로 따진다 해도 여전히 문제는 남습니다.

법원은 과거를 심판할 뿐 미래의 설계도를 그리지는 못합니다. 잘못된 탑을 허물고 다시 세우는 일은 여전히 국민의 뜻을 모으는 정치의 영역입니다. 누리호를 띄운 21세기의 대한민국이 올바른 궤도에 올라서려면 서로의 말부터 귀담아들어야 할 것입니다. 어쩌면 신은 우리에게 시험 문제를 내고 힌트를 준 것일지 모릅니다. 하나의 목소리로 뭉칠 수 있다면 너희에게 우주마저 허락할 수 있다고 말입니다.

모든 인류는 지구가 키우는 식구다!

주세페 아르침볼도의 〈정원사〉

‘밥상을 뒤집어엎는다.’라는 말을 들어보았지요? 누군가에게 화가 단단히 나거나 뭔가에 수틀렸을 때 쓰는 비유적 표현인데요. 실제로 그런 사건이 발생했습니다. 어떤 남편이 아내와 식사를 하던 도중 음식에 침을 뱉었습니다. 왜 그랬냐고요? 아내가 전화 통화를 하면서 밥을 먹는다는 이유였지요. 남편이 욕설을 퍼부으며 화를 내다 반찬과 찌개에 침을 뱉은 겁니다. 이에 분노한 아내가 남편을 재물 손괴죄로 고소하여 재판을 받기에 이르렀습니다. 남편은 남편대로 억울했는지 1심이 선고한 50만 원의 벌금을 못 내겠다고 버텼고, 결국 재판은 대법원까지 이어졌습니다.

재물 손괴죄는 다른 사람의 재물, 문서, 전자기록 같은 것을 망가뜨리거나 감추는 방법으로 쓸모없게 만드는 일을 처벌하는 것인데요. 물질적인 것뿐 아니라 감정상 더 이상 사용할 수 없게 해도 마찬가지입니다. 예를 들어 사과를 똥물에 적셨다가 깨끗하게 씻었다 하더라도 감정상 먹을 수가 없잖아요. 이런 경우 사과는 멀쩡해도 재물 손괴죄가 적용될 수 있다는 의미입니다.

반찬과 찌개에 침을 뱉은 것도 마찬가지입니다. 남편은 아내랑 같이 먹고 있었으니 '다른 사람의 재물'이 아니라고 반론을 폈는데요. 대법원은 밥상에 올라간 음식은 공동소유, 그러니까 내 것이면서 동시에 남의 것이니 유죄가 맞다고 했습니다.

사람들은 '세상에 이런 재판도 다 있구나!' 싶은 마음이 들 겁니다. 내 것, 네 것이 따로 없어야 할 부부끼리 음식 때문에 소송까지 벌이다니 뒷맛이 개운치는 않습니다. 누가 이기고 지든 간에 부부 사이가 틀어졌을 것은 불을 보듯 자명한 일입니다.

이왕 음식 얘기가 나온 김에 음식을 소재로 삼은 흥미로운 그림 하나를 읽어볼까 합니다. 16세기 후반 명성을 떨쳤던 이탈리아 출신 화가 아르침볼도(Giuseppe Arcimboldo, 1527~1593)의 〈정원사〉란 작품입니다.

그림을 보면 뿌리채소인 양파, 당근, 무와 치커리로 보이는 잎채소, 그리고 호두, 버섯 등이 풍성하게 한 그릇에 담겨 있습니다. 정원사가 아니라 인심 좋은 농부란 제목이 더 어울릴 듯한 그림인데요. 도대체 정원사는 어디 숨어 있는 걸까요? 비밀은 그림 속에 있습니다. 위와 아래를 거꾸로 뒤집어보면 숨어 있던 주인공이 나

아르침볼도, 〈정원사〉

1587-1590, 패널에 유화, 36×24센티, 이탈리아 크레모나 알라 폰조네 시립미술관

타납니다. 두툼한 입술의 인상 좋은 정원사가 미소를 보내고 있습니다.

아르침볼도는 왕족의 초상화 그리는 일이 주요한 업무인 궁정화가였습니다. 궁정화가는 대부분 아주 엄격한 원칙에 따라 그림을 그리곤 하는데 판에 박힌 형식의 그림에 지친 것일까요? 아르침볼도는 당시의 기준으로는 아주 파격적인 시도를 했지요. 실제 인물의 초상화를 그릴 때도 이런 기법을 선보였습니다. 위엄을 내세우며 딱딱하기만 한 모습 대신 야채와 과일, 꽃으로 황제의 얼굴 형상을 조합해 냈으니까요.

그의 최고 명작으로 꼽히는 4계절 시리즈 〈봄〉〈여름〉〈가을〉〈겨울〉 작품을 보면 〈봄〉은 갖가지 꽃들로, 〈여름〉은 과일과 채소로, 〈가을〉은 추수한 곡식으로, 〈겨울〉은 잎을 떨군 나뭇가지로 황제의 얼굴을 표현했습니다. 제법 모험을 건 그림이지만 다행히도 근엄한 황제가 웃음을 터뜨리며 환영했다고 합니다. 16세기에 어떻게 그런 기발한 발상을 했을까 궁금하기도 합니다.

그의 특별한 재능은 성당의 스테인드글라스를 맡은 그의 아버지의 영향이 아닐까 합니다. 어려서부터 각기 다른 색과 모양의 조각들을 모아 새로운 형상을 만드는 일에 익숙했던 것이지요. 그래서 갖가지 사물을 이용해 사람의 얼굴을 만들어 내는 아주 놀랍고도 독창적인 작품을 창조한 겁니다.

〈정원사〉도 그의 대표작 중 하나인데요. 이 작품을 단지 흥미로만 보지 않고, 그림 속에 내포된 철학적인 의미를 곱씹어보면 어떨

아르침볼도, 〈정원사〉

1587-1590, 패널에 유화, 36×24센티, 이탈리아 크레모나 알라 폰조네 시립미술관

까요? 얼핏 보면 풍성한 채소를 그린 작품 같지만 뒤집어보면 정원사인 사람의 모습이 나오잖아요. 이 때문에 그림을 어떻게 걸어야 위와 아래가 맞는 건지 논쟁이 생기기도 하는데요. 어떻게 보더라도 같은 작품이라는 게 정답이 아닐까 싶습니다. 채소를 사람이 먹으면 그 사람의 일부를 이루게 되니까요. '당신이 먹는 것이 곧 당신이다(You are what you eat).'라는 영어 속담도 있고요. 비슷한 맥락에서 우리 역시 자신이 태어난 땅에서 나온 먹거리를 먹어야 몸에 더 이롭다면서 '신토불이(身土不二)'를 강조하잖아요.

음식을 먹는 것은 그만큼 중요한 일입니다. 우리는 가족이나 아주 가까운 친구, 동료를 일컬을 때 함께 밥을 먹는다는 뜻으로 '식구(食口)'라고 부릅니다. 동서양을 막론하고 추수를 한 다음에는 가족이 모여 음식을 나누는 풍속이 있는데요. 이런 의식을 통해 내 몸만도, 네 몸만도 아닌 우리가 되는 겁니다. 조상이라는 뿌리가 같다는 것에 그치지 않고 현재와 미래도 함께한다는 의미가 깃들어 있습니다. 가족이 닮게 되는 것은 비단 유전자의 힘만이 아닐 겁니다. 피 한 방울 섞이지 않은 부부도 오랜 시간이 지나면 비슷해진다고 하잖아요. 어쩌면 예수님이 최후의 만찬에서 제자들에게 빵을 떼어주며 자신의 몸이라고 한 것도 그런 의미로 받아들일 수 있습니다.

조금 더 범위를 넓혀 볼까요. 사실 모든 인류는 지구라는 어머니가 차려준 음식을 먹고 사는 겁니다. 지구를 모태로 삼은 하나의 커다란 식구인 셈이지요. 각자가 개인으로 삶을 사는 동시에 인류라는 한 몸의 세포를 이루고 있습니다. 식사를 하면서 한 번쯤 생각

봄	여름
가을	겨울

해 보면 좋겠습니다. 나와 식구를 이루는 주변은 어떤 사람들일까, 먹는 음식은 나의 어떤 부분을 이루게 될까 하고 말입니다. 그러다 보면 사람들 사이의 갈등, 식구끼리의 싸움이 어리석게 느껴질 겁니다. 서로의 음식에 침을 뱉는 사건 따위는 절대 생기지 않겠지요.

아르침볼도, 〈봄〉

1563, 캔버스에 유화, 76×63.5센티, 스페인 마드리드 성 페르난도 왕립 미술 아카데미

아르침볼도, 〈여름〉

1563, 패널에 유화, 67×50.8센티, 오스트리아 빈 미술사 박물관

아르침볼도, 〈가을〉

1573, 캔버스에 유화 76×64센티, 프랑스 파리 루브르 박물관

아르침볼도, 〈겨울〉

1563, 패널에 유화, 67×51센티, 오스트리아 빈 미술사 박물관

눈은 마음을 비추는 거울이다

프란시스코 고야의 〈옷을 입은 마하〉 〈옷을 벗은 마하〉

법은 같은 시대를 살아가는 사람들 사이의 약속입니다. 그래서 똑같은 사안이라 하더라도 지역이나 시대에 따라서 판단이 달라지지요. 법의 잣대를 보면 그 사회의 공감대가 어느 선에서 이루어지는지 드러나기 때문에 종종 뜻밖의 일들이 논란이 되곤 합니다. 개인의 자유와 기성 사회의 가치관이 충돌하면서 벌어지는 논란이 대표적인데요. 여성의 옷차림을 두고 법으로 다투는 일들도 그런 사례입니다.

요즘은 '하의 실종'이란 말이 나올 만큼 짧은 옷차림이 흔하지요. 하지만 불과 반세기 전만 하더라도 사정이 달랐습니다. 미니스커트가 우리 사회에 처음 들어온 건 1968년인데요. 가수 윤복희가

미국에서 한국으로 오는 귀국길에 입으면서 세간의 관심을 끌었습니다. 무슨 큰 사건이라도 벌어진 것처럼 세상이 떠들썩했지요. 그 이후 본격적으로 유행을 타기 시작했습니다. 하지만 당시는 유교적 사고방식이 강할 뿐만 아니라 엄혹한 군사정권 시절이라 미니스커트에 대해 곱지 않은 시선이 많았습니다. 급기야 1973년에는 '경범죄 처벌법'의 단속대상이 되었는데요. 무릎 위로 15센티 미만인지를 재기 위해 경찰이 자를 들고 다니는 웃지 못할 일까지 벌어졌답니다.

이런 이야기를 들으면 사람들은 역사책에나 나올 만한 먼 과거의 일이라고 생각할 겁니다. 하지만 천만의 말씀입니다. 2021년에도 비슷한 논란이 있었으니까요. 이번에 문제가 된 건 레깅스였습니다. 가해자인 남성이 버스에서 레깅스를 입은 여성의 엉덩이 부분을 동영상으로 촬영했습니다. 신체를 직접 노출하지 않았기 때문에 과연 성적 수치심의 대상이 될 수 있느냐가 사건의 쟁점이 되었는데요. 재판과는 별개로 사람들 사이에서도 갑론을박이 치열했습니다. 외출복으로 입기에는 레깅스 자체가 좀 민망한 의상이 아니냐를 두고 설왕설래 말들이 많았습니다.

법원의 판결도 이런 논쟁이 고스란히 반영되었습니다. 동영상이 불법 촬영물인지 아닌지에 대하여 1심은 유죄를 선고했지만 2심은 달랐습니다. 몸이 드러난 부위가 손과 발목 정도였기 때문에 무죄로 봤습니다. 레깅스가 여자들이 대중적으로 입는 일상복이라 성적 수치심을 주는 옷으로 볼 수 없다는 취지였지요. 그렇다면 마지막 대법원의 판결은 어떻게 되었을까요? 대법원은 최종적으로 유죄로 판단했습니다. 노출이 없더라도 어떤 의도로 촬영했는지에 따라 피해자에게 성적 수치심을 줄 수 있다는 겁니다.

노출 문제와 관련하여 미술계에서도 큰 논란을 일으킨 작품이 있습니다. 스페인 프라도 미술관에 나란히 걸려 있는 프란시스코 고야(Francisco José de Goya y Lucientes, 1746~1828)의 〈옷을 벗은 마하〉와 〈옷을 입은 마하〉 연작입니다. 이 중 옷을 벗은 쪽은 신성모독으로 종교재판을 받고 불태워질 뻔했는데요. 여기서 한 가지 의문이 듭니다. 서양 미술에서 누드화가 새로운 것도 아니고, 오랜 전통을 가진 회화 장르인데 왜 이런 말썽이 빚어졌을까요? 그럴 만한 나름의 이유가 있습니다.

과거에는 누드화를 그리더라도 실제 사람이 아니라 대부분 여신을 모델로 삼았습니다. 그리스 신화에서 미의 여신 비너스가 대표적이지요. 그에 반해 '마하'는 젊은 여인을 가리키는 말입니다. 제목부터 가상이 아니라 실재하는 사람이란 사실을 분명히 밝히고 있지요. 자세도 문제였습니다. 머리칼이나 손으로 신체 중요 부위를 가리던 이전 그림과는 완전히 달랐지요. 보란 듯이 자신의 나체를 노골적으로 드러내고 있습니다. 관객의 시선도 여인에게만 집중하도록 만들었습니다. 배경이나 다른 등장인물, 시선을 흐트러뜨릴 어떤 소품도 없습니다. 오히려 알몸이 돋보이도록 환한 빛으로 비추고 있지요. 도발적인 자세로 누운 그녀는 아무런 부끄러움도 없이 관객들과 시선을 똑바로 마주하고 있습니다.

고야가 왜 이런 작품을 그렸는지 여러 가지 추측이 무성합니다. 자신의 연인인 귀족 부인을 몰래 그렸는데, 불륜이 들통날까 봐 옷을 입힌 그림을 또 그렸다는 이야기도 있고요. 그림을 주문한 재상의 연인을 모델로 삼았다는 이야기도 있습니다. 어떤 이유든지 간에 작품 자체가 당시의 스페인 사회에서 수용하기 어려운 수준이었던 것은 분명합니다. 급기야 종교재판소가 두 그림 모두 외설스럽다며 압수해 버렸고, 그림을 제작한 고야 본인도 이단으로 처단받을 뻔했지요. 다행히 유능한 변호사를 썼는지 고야는 무사히 풀려났고, 그림도 오늘날까지 잘 보존되었습니다. 역설적이지만 지금은 우표 도안으로 쓸 만큼 스페인의 자랑거리로 여겨집니다.

그런데 여기서 더 흥미로운 점이 있습니다. 이 작품이 스페인이 아닌 우리나라에서도 큰 물의를 일으켰다는 사실입니다. 1800년대 스페인의 종교재판에서 아슬아슬하게 살아남은 마하가 뜻밖에도 170년 뒤 대한민국 법정에 다시 서는 일이 발생했습니다. 게다가 이번에는 유죄를 피하지 못했습니다. 사건의 발단은 이렇습니다. 미니스커트가 유행했던 1969년 한 성냥 회사가 〈옷을 벗은 마하〉 그림을 성냥갑에 인쇄한 겁니다. 이를 트집 삼아 음란한 그림을 제조해 판매했다며 재판에 넘겨졌는데요. 당연히 회사는 세계적인 명화인데 어떻게 음화가 될 수 있느냐며 항변했지요.

하지만 대법원은 1970년에 설령 예술작품이라도 상업적으로 쓰이면 음란하다고 볼 수 있다면서 유죄를 선고했습니다. 음란성에 관한 대한민국 최초의 판결이었지요. 이 때문에 결국 성냥갑의 마

프란시스코 고야, 〈옷을 벗은 마하〉

1795-1800, 캔버스에 유화, 98×191센티, 스페인 마드리드 프라도 미술관

하는 불태워졌습니다.

그렇다면 원래 마하를 그린 고야는 어떻게 봐야 할까요? 법원은 이후 예술작품의 음란성에 대해 더욱 엄격한 기준을 제시했는데요. 전적으로 또는 지배적으로 성적 흥미에만 호소하고 예술적 가

프란시스코 고야, 〈옷을 입은 마하〉

1800~1807, 캔버스에 유화, 95×190센티, 스페인 마드리드 프라도 미술관

치는 전혀 없을 때 음란물로 보겠다고 했습니다. 그런 기준에 따르면 고야는 여전히 무죄가 될 것입니다. 마하가 옷을 벗었느냐, 입었느냐에 따라 예술적 가치가 달라지는 건 아닐 테니까요. 보는 눈은 여전히 다양하겠지요. 시커먼 속내를 가지고 본다면 그 눈이 음란

한 겁니다.

미니스커트, 레깅스, 마하 모두 비슷한 결론인 듯싶지만 중요한 차이가 있습니다. 미니스커트는 보는 사람의 시선을 불편하게 만든다면서 입은 쪽을 탓했습니다. 그러나 레깅스와 마하의 경우는 반대입니다. 카메라로 남의 몸을 함부로 찍은 사람이 가해자이고, 예술작품을 속된 의도로 이용한 회사가 문제였습니다.

하지만 이런 차이는 그리 중요치 않습니다. 미니스커트, 레깅스를 문제 삼을 것이 아니라 어떤 생각으로 보느냐를 탓해야 하지 않을까요? 비단 성적인 주제에만 해당하는 것이 아닙니다. 본다는 일은 그저 보이는 것을 받아들이는 수동적인 행위가 아닙니다. 마음이 가는 곳을 보고, 그렇게 본 것이 다시 마음을 만듭니다. 내 눈에 비치는 것은 결국 내 생각과 마음을 이루게 됩니다. 주변을 어떤 시선으로 보고 있는지 스스로 살펴봐야 할 때가 아닌가 싶습니다.

목욕하는 여인에 대한 삐뚤어진 환상

에드가 드가의 〈욕조〉

가발을 쓰고 여장을 한 채 여자 목욕탕에 들어간 남자가 있었습니다. 여성용 속옷까지 입고 수건으로 몸을 가린 채 탈의실 주변을 오가며 50분이나 머물렀지요. 어딘지 수상쩍은 모습을 지켜보던 목욕탕 직원의 신고로 발각됐는데요. 현행법에 따르면 만 4세 이상의 남녀는 같은 목욕탕에 출입할 수 없습니다. 따라서 남성의 행위는 목욕탕, 화장실 같은 다중 이용시설에 성적 목적으로 침입한 범죄를 저지른 것이 됩니다.

이 남자는 왜 이처럼 황당한 짓을 했을까요? 그를 옹호할 생각은 전혀 없습니다만 목욕하는 이성에 관한 호기심은 어쩌면 인간이 가진 본능일 겁니다. 다만 이를 자제하지 못한 것이 문제지요. 이런 종류의 사건을 두고 법조인들 사이에서는 설왕설래 이야기가 꽤 많습니다. 예컨대 어릴 적 동화라고 읽은 「선녀와 나무꾼」도 따지고 보면 범죄물입니다. 목욕하는 선녀를 엿보다 그녀의 옷을 훔쳐 결혼했잖아요. 옷을 훔쳤으니 최소한 절도죄에 해당하고요. 선녀가 원한다면 법적으로 착오에 의한 혼인 취소를 주장할 수 있습니다.

목욕하는 여인들을 훔쳐본 이야기는 성경에도 많이 나옵니다. 대표적인 것이 마을의 가장 아름다운 여인을 탐해 나무 그늘에서 엿본 장로들 이야기입니다. 다윗 왕이 우연히 목욕하는 밧세바를 보고 한눈에 반해 버린 일화도 유명합니다. 골리앗을 돌팔매질로 쓰러뜨렸던 정의의 사도 다윗이 어른이 된 뒤에 저지른 일입니다. 캐나다 출신의 시인이자 가수 레너드 코헨은 밧세바를 소재로 〈할렐루야〉라는 곡을 만들었는데요. 다윗의 훔쳐보기를 아주 예술적으로 아름답게 표현했습니다.

> "높은 곳을 거닐다 목욕하는 그녀를 보고 말았네.
> 그녀의 아름다움과 달빛이 그대를 압도했지.
> 그녀는 그대의 왕관을 부수고 머리칼을 잘라낸 다음
> 부엌 의자에 묶어 버렸어.
> 그대의 입술이 할렐루야를 내뱉도록 만들었다네!"

음악에 조예가 깊은 사람이라면 '할렐루야'가 반복되는 후렴구가 귀에 익숙할 겁니다. 그런데 사실 내막을 따져보면 당시의 사건은 전혀 아름다운 이야기가 아닙니다. 다윗의 눈에 든 밧세바는 유부녀였습니다. 더구나 그녀의 남편은 누구보다 다윗에게 충성한 믿음직한 부하 장수였지요. 그런데도 다윗은 밧세바를 탐낸 나머지 그런 부하를 죽음으로 내몰았습니다. 남편이 죽자 홀로 남은 밧세바를 강제로 취했지요. 신의 축복으로 왕좌에 오른 다윗치고는 참 한심한 짓거리가 아닐 수 없습니다. 그런데도 이 이야기를 아름답게 포장해서 전하는 것은 목욕하는 여성에 대한 판타지가 그만큼 크다는 걸 반증하는 게 아닐까 싶습니다.

화가들 역시 다르지 않았지요. 목욕하는 여인들을 그림의 소재로 많이 빌려다 썼습니다. 누드화를 즐겨 그린 화가치고 목욕 장면을 빠뜨린 사람은 거의 없다 해도 과언이 아닐 겁니다. 목욕탕 장면은 여성의 알몸을 그릴 수 있는 자연스러운 핑곗거리였을 테니까요. 심지어는 조선시대 신윤복도 〈목욕터 풍경〉에서 여인의 벗은 몸을 그렸습니다. 엄격한 유교적 도덕 윤리가 지배했던 조선시대에 그런 장면을 그렸다니 놀라운 일이지요. 그림 속에는 그걸 훔쳐보는 사내들까지 있습니다. 목욕탕을 훔쳐보는 일은 그만큼 유서 깊은 범죄 혹은 호기심 천국이었던 모양입니다.

그림 속 나체 여인들의 모습은 대개 신비롭고 아름답게 묘사됩니다. 물기를 머금은 뽀얀 피부와 가슴에서 엉덩이에 이르는 매끈한 몸의 굴곡이 돋보이게 그리곤 하지요. 그런데 과거에는 남성 중심 시대였기에 그랬을 뿐이지, 사실 이성의 몸에 관한 관심이 남자에게만 있으라는 법은 없습니다. 요즘 영화, 드라마에서는 여인뿐

에드가 드가, 〈욕조〉

1886, 파스텔, 60×83센티, 프랑스 파리 오르세 미술관

만 아니라 남자가 목욕하는 모습도 자주 눈에 띕니다. 한결같이 훤칠한 키에 몸 구석구석 잘 발달한 근육을 뽐냅니다. 남자든 여자든 현실에서 쉽게 보기 어려운 이상적인 몸매를 그려주는 게 거의 공식처럼 되었습니다.

그런데 여기 아주 특이한 작품이 있습니다. 에드가 드가(Edgar Degas, 1834~1917)의 〈욕조〉입니다. 드가는 발레리나를 즐겨 그린 화가로 유명하지만, 파리의 풍경이나 사람들의 평범한 일상을 다룬 작품도 많이 그렸습니다. 〈욕조〉도 그중 하나지요. 하지만 그림 제목과 달리 솔직히 욕조라기에는 무척 비좁아 보이는 대야입니다. 몸을 담그기보다는 물이 흐르는 것을 막기 위한 것일 테지요. 요즘같이 샤워 시설이 좋지 않았던 시절의 목욕 풍속을 엿볼 수 있는 장면입니다. 테이블 위의 항아리 속에 담긴 물로 씻을 준비를 하는 것처럼 보입니다. 목욕하는 과정의 한순간을 포착한 듯 무척 평범하고 자연스러워 보입니다.

드가는 이 작품 외에도 목욕하는 장면을 많이 그렸는데요. 그림 속 여인을 딱히 예쁘게 표현하려 애쓰지 않았습니다. 비좁은 욕조에 들어가기 위해 웅크리고, 허리를 구부려 머리를 말리고, 손이 닿지 않는 등쪽을 닦기 위해 몸을 비틀고 있는 모습이 대부분입니다. 조금도 아름답게 이상화시키거나 꾸민 흔적이 없습니다. 통통하게 살집이 있는 여성도 그림 속에 그대로 담았고, 앙상하게 척추뼈를 드러낸 모습도 있는 그대로 그림으로 옮겼습니다.

사실 따지고 보면 목욕은 일상생활의 한 부분입니다. 멋지고 아

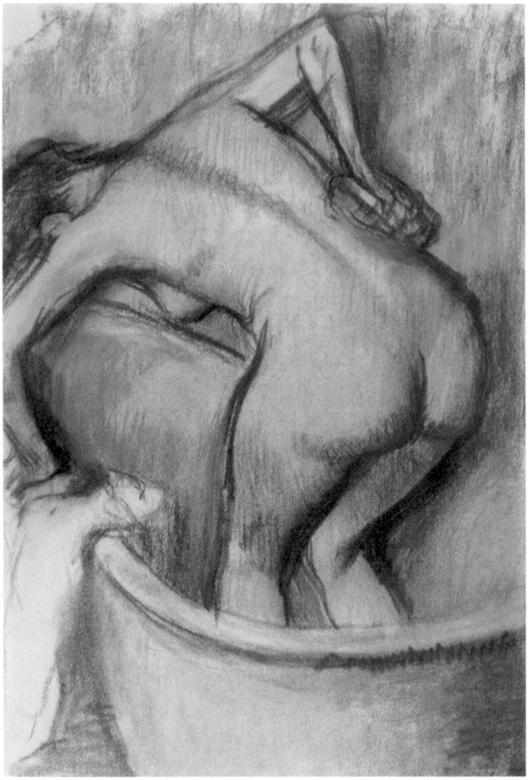

에드가 드가, 〈목욕 – 등을 미는 여인〉

1887, 파스텔, 52.7×35.9센티, 미국 하와이 호놀룰루 미술관

름다운 사람만 목욕하는 게 결코 아닙니다. 설령 몸매가 아름답다 하더라도 목욕을 하면서 누가 얼마나 멋지게 자세를 잡겠습니까? 몸의 때를 밀기 위해 이리저리 몸을 뒤틀거나 다소 기이한 자세를 취하는 게 자연스러운 일이지요. 오히려 그걸 아름답게 연출하는

것이 앞뒤가 맞지 않습니다. 자연스러움을 부자연스러움으로 만들어 허구적인 판타지를 심어주는 게 도리어 잘못된 일 아닐까요?

어느 유명 모델이 이런 자기 고백을 한 적이 있답니다.

"멋지게 찍힌 사진치고 자연스러운 모습은 하나도 없다. 몇 날 며칠 굶고 카메라 앞에 서서는 팔다리를 이리저리 비틀어 대야 그럴듯하게 찍힌 사진 한 장을 얻을 수 있다."

다시 말해 일상생활에서처럼 편안하게 있어서는 좀처럼 아름다워 보이지 않는다는 말이지요. 요즘은 모델만 그런 경험을 하지 않습니다. 일반인들도 SNS에 올리기 위해 표정과 몸짓을 지어내며 수십 장의 사진을 찍곤 하니까요.

이처럼 꾸며낸 모습에만 익숙해지다 보면 정작 원래의 자연스러움을 오히려 부자연스럽게 받아들이게 될까 자못 우려스럽습니다. 머릿속에 자리 잡은 판타지만 좇다 보면 당연한 현실을 인정하지 못할 수도 있습니다. 주변의 평범한 모습에서 진정한 아름다움을 찾는 눈을 가져야 합니다. 그래야 거울 앞에 비친 자신의 모습에 대해서도 너그러워질 겁니다. 물론 지나친 뱃살만큼은 건강을 위해 멀리해야겠지만요.

돼지 목에 진주 목걸이

알프레드 드드뢰의 〈안락의자에 앉은 퍼그〉

에르메스, 루이비통, 샤넬, 구찌 등 명품에 대한 우리나라 사람들의 애정은 유난합니다. 일단 매장의 문턱부터 높습니다. 대기표를 받고 불러줄 때까지 몇 시간을 기다려야 합니다. 몇백, 몇천만 원에 이르는 고가의 제품에 지갑을 열겠다는데 갑이 아니라 을이나 병 대우를 받는 셈이지요. 소비자들은 그걸 고스란히 감내합니다. 다른 나라들에서 매출이 줄었다는 브랜드도 우리나라에서는 없어서 못 팝니다. 같은 제품인데도 우리나라에서만 유독 비싸게 팔기도 하고요. 수요와 공급이 만나는 곳에서 가격이 결정되는 자본주의 시장 원리에 충실해서 그럴 테지요.

명품에 대한 애착이 강하다 보니 종종 업계에서조차 예상하지 못한 일이 생겨나곤 합니다. 중고물품을 취급하는 인터넷 플랫폼을 통해 백화점에서도 찾아보기 힘든 희귀한 제품들이 거래되는 것이지요. 중고니까 가격이 더 낮냐고요? 천만의 말씀입니다. 예약을 하고도 몇 년이 걸려야 감지덕지 받을 수 있다는 에르메스의 '버킨백'을 예로 볼까요. 신제품 가격이 1천 4백만 원 정도인데 중고는 3천만 원을 훌쩍 뛰어넘는 가격에 팔린답니다. 명품을 매개로 한 새로운 시장이 만들어진 셈이지요.

이런 기현상에 당황한 것은 명품업계였습니다. 사실 입이 떡 벌어지는 명품의 가격에는 명품이라는 이유만으로 낀 거품이 있습니다. 제값보다 비싸게 불러 더욱 갖고 싶게 만드는 것이지요. 그런 현상을 극대화하기 위해 심지어 재고가 있어도 업체는 물건을 바로 팔지 않습니다. 명품을 더욱 간절하게 갖고 싶게 만드는 일종의 마케팅 기법이지요.

그런데 중고거래 시장이 커지다 보면 명품 생산업체가 가격의 주도권을 잃게 될 수도 있습니다. 게다가 아예 처음부터 비싸게 되파는 걸 목적으로 제품을 구매하는 사람들까지 생겨나면서 명품업체는 바짝 긴장을 하게 되었습니다. 심지어 명품업체와 고객 사이에 웃지 못할 계약서까지 생겨났습니다. 명품을 판매하면서 고객에게 절대 재판매하지 않겠다는 서명을 받는 것이지요.

물론 이 계약서의 법적 효력을 어느 정도까지 인정할 수 있을지는 의문입니다. 오늘날 시장 경제를 만드는 강력한 근거가 민법의 3대 원칙인데요. 계약 자유의 원칙, 소유권 절대의 원칙, 과실 책임의 원칙입니다. 누구든지 자유롭게 재화와 서비스를 주고받고, 소유한 재화는 온전히 자신의 뜻에 따라 사용, 수익, 처분할 수 있다는 겁니다. 명품을 물건 자체의 가치보다 훨씬 비싼 값에 팔 수 있는 것도 따지고 보면 이런 원칙 때문입니다. 명품이 도대체 뭐길래 이런 법적 논쟁까지 벌여야 하는지 모르겠습니다.

에르메스는 명품 중에서도 최상위에 있는 브랜드인데요. 특이하게도 사륜마차를 로고로 쓰고 있습니다. 늠름한 말이 끄는 멋들어진 마차와 마부가 마치 고객을 기다리는 듯한 모습이지요. 이런 로고를 쓰는 데는 그만한 이유가 있습니다. 에르메스는 원래 고급 승마용 제품을 만드는 회사였다고 합니다. 지금으로 치면 최고급 승용차에 장착하는 제품을 만든 셈이지요.

이 로고의 원작자가 바로 19세기 프랑스 화가 알프레드 드드뢰(Pierre-Alfred Dedreux, 1810~1860)입니다. 원래의 작품은 현재 에르메스 박물관에 소장되어 있는데요. 드드뢰는 건축가의 아들로 태어나 파리에서 자랐습니다. 예술적인 재능이 넘치는 집안에서 화가로서 체계적 훈련을 받았습니다. 10대 무렵부터 거장 테오도르 제리코(1793~1824)를 과외 선생님으로 둘 정도였으니 축복받은 인생인 셈이지요. 더구나 20대 초반 첫 전시회부터 그의 작품은 큰 인기를 누리기 시작했습니다. 그의 성공 비결은 동물이었습니다.

드드뢰는 동물에 대한 관심이 많았는데요. 특히 말, 마차를 멋들어지게 잘 그려 명성을 쌓았답니다. 그때까지만 해도 화가들의 주된 수입원은 여전히 초상화였는데 자신의 장기를 살려 말을 탄

알프레드 드드뢰, 〈안락의자에 앉은 퍼그〉

1857, 캔버스에 유화, 58×40센티, 러시아 페테르부르크 에르미타주 박물관

테오도르 제리코, 〈말타기 경주〉
1821, 유화, 92×123센티, 프랑스 파리 루브르 박물관

인물의 초상화를 그렸지요. 당시 초상화라면 으레 그렇고 그런 뻣뻣한 자세로 앉아 있기 일쑤였습니다. 여기에 물린 왕족, 귀족들에게 그의 그림은 눈길을 확 끌었지요. 허공을 가르며 뛰는 말에 올라탄 위풍당당한 모습! 자신을 그렇게 표현해 주니 얼마나 좋았겠습니까? 영국과 프랑스의 왕족, 귀족들이 고객으로 줄을 섰습니다. 그들 중에는 나폴레옹 3세도 포함돼 있었답니다.

이러한 드드뢰의 화가 이력을 고려할 때 〈안락의자에 앉은 퍼그〉는 다소 엉뚱한 느낌마저 듭니다. 한 마리 퍼그가 툭 튀어나온 배를 앞발로 가리고 의자에 파묻혀 있습니다. 치켜든 턱, 쩍 벌린 다리에서 거만함이 물씬 풍깁니다. 한편에는 와인잔이 놓여 있고 먹다 만 간식거리도 보입니다. 한 눈에도 신분이 높고 돈깨나 있는 인물을 풍자한 것임을 알 수 있습니다. 권위에 찌든 거만한 인간을 개 같다고 조롱하고 마음껏 야유를 퍼부은 것처럼 느껴집니다. 한마디로 사람을 개에 빗댄 풍자화인 셈이지요.

이 작품은 드드뢰가 한창 전성기를 누리던 40대 후반에 그려진 것입니다. 자신에게 고객들의 초상화 주문이 몰리던 시절과 겹치는데요. 왜 이런 삐딱한 분위기를 연출한 작품을 그렸을까요? 이런 생각을 해봅니다. 그림을 주문하는 왕족이나 귀족들 가운데 속칭 '진상'이라고 하는 고객이 틀림없이 있지 않았을까요? 아마도 그는 명품으로 온몸을 휘감아도 본질은 못생긴 퍼그나 마찬가지였을 테지요. 들판을 달려야 할 사냥개 하운드를 방 안에서 졸게 만들 만큼 게을렀겠지요. 지성을 상징하는 '피가로' 신문은 구겨진 채 바닥에 버려진 것으로 봐서 무지몽매하고 교양이 없었을 겁니다. 어쩌면 돈 때문에 마지못해 그려준 누군가를 비꼬고 싶은 마음에서 그린 작품이 아닐까요?

명품에 대한 편견은 없습니다. 하나쯤 소장하고 싶은 마음이 드는 것도 당연할 테지요. 다만 그전에 명품의 필요성에 대해 한 번쯤 생각해 보면 어떨까 싶습니다. 꼭 고가의 제품이기 때문에 하는 말이 아닙니다. 가령 '버킨백'은 기내 화물칸에 넣어도 소지품이 쏟아지지 않기 위해 만든 디자인이었고요. 역시 편의성 때문에 에르메스는 핸드백에 최초로 지퍼를 달았다고 합니다. 그런 본질은 무시한 채 그저 명품이라는 이유로 좋아한다면 자신도 모르는 사이에 우스운 모양이 될 수도 있습니다. '돼지 목에 진주 목걸이' 꼴로 말이지요. 사람이 명품이어야지, 꾸미고 다니는 물건만 명품이면 뭐 합니까? 업체의 현란한 상술에 흔들리지 않는 당신이야말로 진짜 명품입니다.

삶의 흉터에서 찾은 아름다움

피에로 델라 프란체스카의 〈우르비노 공작 부부의 초상〉

특별한 날을 축하하고 기념하기 위해 함께 즐기는 케이크. 이 케이크가 크게 논란의 대상이 된 적이 있습니다. 2021년 크리스마스 시즌이었는데요. 서울 시내 유명 호텔들은 5~6만 원이 넘는 케이크를 상품으로 내놓았습니다. 홈페이지에 올라온 화려한 모습에 반한 고객들이 큰맘 먹고 주문을 했지요. 그런데 막상 집으로 배달된 케이크는 사진과 영 딴판이었습니다. 광고 속 케이크와 실제 받은 케이크를 나란히 비교한 사진들이 커뮤니티 사이트에 마구 쏟아지자 누리꾼들의 반응은 한결같았습니다. 이건 해도 너무했다는 것이지요.

사실 광고용 사진과 실물이 다르다는 점은 소비자도 어느 정도 인식하고 있습니다. 판매업체 또한 광고 사진 아래 '연출된 이미지로 실물과 다를 수 있습니다.'라고 아주 자그마한 글씨로 자백하기도 하고요. 그렇지만 도가 너무 지나치면 실제로 법적인 문제가 될 수 있는데요. 케이크의 경우, 소비자들은 광고에 거품이 끼어 있어도 호텔 제품이니 뭔가 다르겠지 하는 특별한 기대를 했습니다. 그래서 값이 비싸다는 걸 알면서도 주문을 했을 테고요. 하지만 업체 측은 그 기대를 완전히 저버렸습니다. 식품광고법에 따르면 소비자를 기만하는 표시 또는 광고에 해당할 경우 5년 이하의 징역 또는 5천만 원 이하의 벌금에 처할 수 있습니다. 따라서 광고 이미지를 지나치게 부풀리면 소비자의 저항과 함께 법적 처벌이 뒤따른다는 사실을 업체들은 깊이 새겨야 할 것입니다.

그런데 실물과 사진 이미지 사이의 괴리 문제는 비단 물건이나 제품에만 국한되지 않습니다. 인물 사진의 경우도 그렇습니다. 아니, 요즘에는 인물 사진이 오히려 더 심각합니다. 날로 기술이 발전하다 보니 일반인도 사진, 영상을 쉽게 촬영하고 수정할 수 있기 때문이지요. 누구든지 이미지를 조작해 갸름한 얼굴, 커다란 눈, 오뚝한 콧날로 예쁘장한 얼굴을 만들 수 있습니다. 실제 나이보다 열 살은 어려 보이게 만드는 일도 간단하고요. 아예 스마트폰 카메라에는 처음부터 '뽀샤시'하게 찍을 수 있는 필터가 장착되어 있습니다.

다른 사람에게 조금이라도 더 젊고 멋지게 보이고 싶은 마음이야 나무랄 수 없는 인간의 본능일 겁니다. 다만 경우에 따라서는 이 때문에 엉뚱한 갈등이 초래될 수도 있습니다. 사진이 가진 기본적인 기능은 간단합니다. 당사자가 누군지 알아볼 수 있도록 실물을 그대로 옮기는 것이지요. 하지만 종종 신분증, 이력서에 첨부한 사진마저 실제의 모습과 다른 경우가 있습니다. 물론 외모를 중시하는 사회 분위기 탓도 있습니다. 사실 업무 능력 평가에 필요한 이력서에 굳이 사진을 넣을 필요는 없지요. 그래서 고용노동부 권장 표준이력서에는 사진란이 없습니다.

그렇지만 여전히 많은 기업은 사진을 요구합니다. 2019년 한 구인구직 플랫폼업체가 조사한 383개 업체 중 80퍼센트를 넘는 기업이 그랬습니다. 그중 60퍼센트 이상의 기업이 사진을 이유로 지원자를 탈락시킨 사실이 있다고 밝혔습니다. 옷차림이 단정하지 못하다거나 표정이 좋지 않다는 등 이런저런 사유였습니다. 기업은 꼭 외모만 따진 게 아니라고 둘러댔지만, 지원하는 입장에서는 외모를 신경 쓸 수밖에 없을 겁니다.

이왕이면 예쁘고 잘생긴 외모를 선호하는 것이야 동서고금이 다르지 않습니다. 예전의 화가들도 초상화를 그릴 때 어떻게 하면 더 멋진 모습을 연출할까 고민한 모양입니다. 이탈리아 르네상스 무렵의 초상화는 고대 로마의 주화를 본떠 얼굴의 측면을 주로 그렸는데요. 정면을 그리는 것보다 뭔가 더 신비로워 보이기 때문이라고 합니다. 그런 작품 중 가장 유명한 그림이 피에로 델라 프란체스카(Piero della Francesca, 1415~1492)의 〈우르비노 공작 부부의 초상〉입니다.

화가이며 수학자이기도 한 프란체스카는 마치 자로 잰 듯 정확하게 얼굴의 반을 그렸습니다. 작품 속 공작의 얼굴은 2022년 프란

피에로 델라 프란체스카, 〈우르비노 공작 부부의 초상〉

1473~1475, 패널에 유화, 각각 47×33센티, 이탈리아 피렌체 우피치 미술관

체스카 사후 530년을 기념해 산마리노 공화국이 발행한 2유로 기념주화에 새겨지기도 했답니다.

굳게 다문 입술로 근엄한 표정을 짓는 공작의 얼굴에는 보이지 않는 비밀이 하나 있습니다. 그의 매부리코를 자세히 보면 콧날 위쪽이 뚝 끊겨 있는데요. 공작은 젊은 시절 결투를 벌이다 오른쪽 눈을 잃었습니다. 그 뒤로는 왼쪽 눈이 오른쪽 눈을 대신해야 하는데 콧등이 시야를 가린 겁니다. 만약 누군가와 또 결투를 벌일 때 이는 큰 약점이 아닐 수 없었습니다. 공작은 이를 극복하기 위해 시야를 가리는 콧등을 잘라냈습니다. 그렇게 생겨난 커다란 흉터를 가리려고 정확히 얼굴 절반만 나오는 측면 초상화를 그린 것입니다.

용병 출신이었던 공작은 젊은 시절부터 모든 전투에서 무패를 자랑하며 명성을 쌓았습니다. 그리하여 마침내 우르비노 지역의 영주 자리에까지 올랐지요. 우르비노를 맡아 통치하게 된 이후에도 여전히 용병 생활을 하며 도시의 재원을 충당했습니다. 그렇게 쌓은 부로 공작은 도시에 도서관을 지었고, 학자와 예술가를 후원했습니다. 그 덕분에 우르비노는 르네상스의 주요 발상지가 됐으며, 공작은 '이탈리아의 빛'으로 불릴 만큼 존경을 받았습니다.

이 초상화 작품에는 낭만적 사랑 이야기도 깃들어 있습니다. 공작의 초상화는 마주 보는 부인의 초상화와 한 쌍을 이루는데요. 부인의 얼굴은 남편과 비교해 많이 창백합니다. 여기에는 화가의 의도가 담겨 있습니다. 사실 그녀는 아들을 낳고 얼마 지나지 않아 숨을 거두었습니다. 공작은 어린 시절부터 그녀를 무척 사랑했지요.

그래서 먼저 떠난 아내를 그림 속에서나마 마주한 채 늘 그리워하며 여생을 홀로 지냈답니다.

자신의 콧등을 잘라낼 만큼 전투력이 강한 인물에게 이처럼 사랑꾼의 감성이 있었다니 놀라울 따름입니다. 두 사람은 그림 속에서 다정하게 눈길을 마주치고 있습니다. 공작부인은 그의 진정한 모습을 알기에 어떤 거친 흉터라도 추하게 여기지 않을 겁니다.

사람은 누구나 삶의 흔적을 자신의 신체 어딘가에 새기기 마련입니다. 그 흔적의 참된 의미를 어떻게 해야 제대로 읽을 수 있을까 고민해 볼 필요가 있습니다. 누군가를 외모로만 평가한다면 결코 진실한 모습을 발견할 수 없을 겁니다. 그 어떤 오묘한 화법이나 그 어떤 카메라 필터로도 꾸며낼 수 없는 내면의 참모습이 있으니까요. 가끔 거울을 바라보며 스스로에게 어떤 삶의 흔적이 새겨지고 있는지 곰곰이 들여다봤으면 합니다.

작은 나비 효과가 불러온 큰 재앙

제라르 다비드의 〈캄비세스 왕의 재판〉

아주 충격적인 스토킹 범죄가 있었습니다. 스토킹하던 여자의 집에 침입해 그녀 어머니의 목숨을 빼앗고, 남동생에게 중상을 입힌 것입니다. 법에 따라 신상이 공개된 범인 이석준은 계획적인 범죄가 아니라고 주장했지만, 모두 거짓말로 드러났습니다. 미리 흉기를 준비하고, 사건 전날 피해 여성의 집 근처에 차를 세워둔 채 드나드는 사람들을 관찰한 겁니다. 그 과정에서 공동현관 비밀번호까지 알아냈다고 합니다.

물론 애초에 노렸던 대상은 가족이 아니라 피해 여성이었을 겁니다. 사건 당시 그녀와 아버지는 집에 있지 않아 화를 피했는데요. 한 가지 의문이 제기됐습니다. 어떻게 범죄자가 피해 여성의 집을 알아냈느냐 하는 것이지요. 당시 피해 여성은 이석준에게 성폭행을 당한 후 경찰의 신변보호 조치를 받는 상황이었는데, 자신의 집을 이석준에게 알려주지는 않았기에 안심하고 머무른 겁니다. 그렇다면 도대체 어떻게 집을 찾아낸 것일까요?

수사 결과 이석준은 한 심부름센터에 50만 원을 건네고 그녀가 사는 곳을 알아냈습니다. 심부름센터야 그렇다 치더라도 정작 놀라운 건 그다음에 알려진 사실입니다. 거슬러 추적해 보니 최초로 개인정보를 유출한 사람은 구청에 다니던 40대 공무원이었습니다. 여성의 거주지 정보를 넘겨준 대가로 받은 돈은 고작 2만 원에 불과했습니다. 결국 이 사건은 단돈 2만 원에 팔아넘긴 공직자의 양심이 낳은 끔찍한 범죄가 되었습니다.

공무원이 뇌물죄를 저질렀다는 소식은 뉴스에 종종 등장합니다. 인허가 따위 사업상 편의를 봐줬다거나 불법을 눈감아줬다는 등 그 사유도 다양합니다. 뇌물이란 공무원이 자신이 맡은 일과 관련해 받는 금전, 물품을 비롯한 일체의 이익을 가리키는데요. 여기에는 수익 사업에 참여할 기회를 얻는 것과 재산적 이익을 얻는 일뿐 아니라 성적 욕구를 충족해 주는 일까지 포함됩니다. 이러한 뇌물을 직접 받은 일뿐 아니라 뇌물을 달라고 요구하거나 약속만 하더라도 처벌합니다. 국민 전체의 이익과 관련한 일이기에 절대 돈으로 사고팔지 못하도록 엄격히 뇌물을 금하는 것입니다.

뇌물죄로 처벌하려면 공무원이 하는 일에 따른 대가관계가 있어야 하는데요. '김영란법'으로 불리는 '부정청탁 및 금품 등 수수의 금지에 관한 법률'은 무조건 일정 금액 이상을 받지 못하게 정하고 있습니다. 아무런 대가 없이 호의로 한 일이라는 식의 변명으로 빠져나가지 못하게 한 것이지요. 그렇게까지 해야 하는 이유는 이석준 사건에서 명백히 드러난다고 생각합니다.

공직자의 비리는 국민의 삶을 좀먹고 나라를 혼란에 빠뜨립니다. 그래서 예나 지금이나 무섭고 엄한 처벌이 뒤따릅니다. 뇌물죄와 관련된 사건을 묘사한 작품으로 유명한 그림이 제라르 다비드(Gerard David, 1460~1523)의 〈캄비세스 왕의 심판〉입니다. 원래 사건은 기원전 6세기경 페르시아 제국에서 일어났는데요. 그 내용을 15세기 벨기에 시의회가 그림으로 주문한 것입니다. 당시 법정으로도 쓰인 시의회실에 걸어 놓은 작품인데, 드나드는 사람들에게 공직자의 청렴함을 강조하기 위해서였다고 합니다.

그림의 형식이 좀 색다릅니다. 양쪽 그림이 책을 펼치듯 열리게 만든 두 개의 작품이거든요. 장면이 몹시 끔찍해서 심약한 분이라면 자세히 들여다보지 않기를 권합니다.

먼저 왼쪽 그림을 보면 중앙에 붉은 옷차림으로 법대에 앉은 인물이 재판관 시삼네스입니다. 노란 옷을 입은 남자가 그의 팔목을 붙잡고 있지요. 캄비세스 왕의 명령으로 체포되는 순간입니다. 죄목은 그림 위쪽에 아주 작게 그려져 있습니다. 문 앞에서 돈주머니를 건네받는 인물이 바로 시삼네스입니다. 뇌물을 받고 부정한 재판을 한 것이지요.

오른쪽 그림은 심판의 결과입니다. 시삼네스는 벌거벗겨진 채

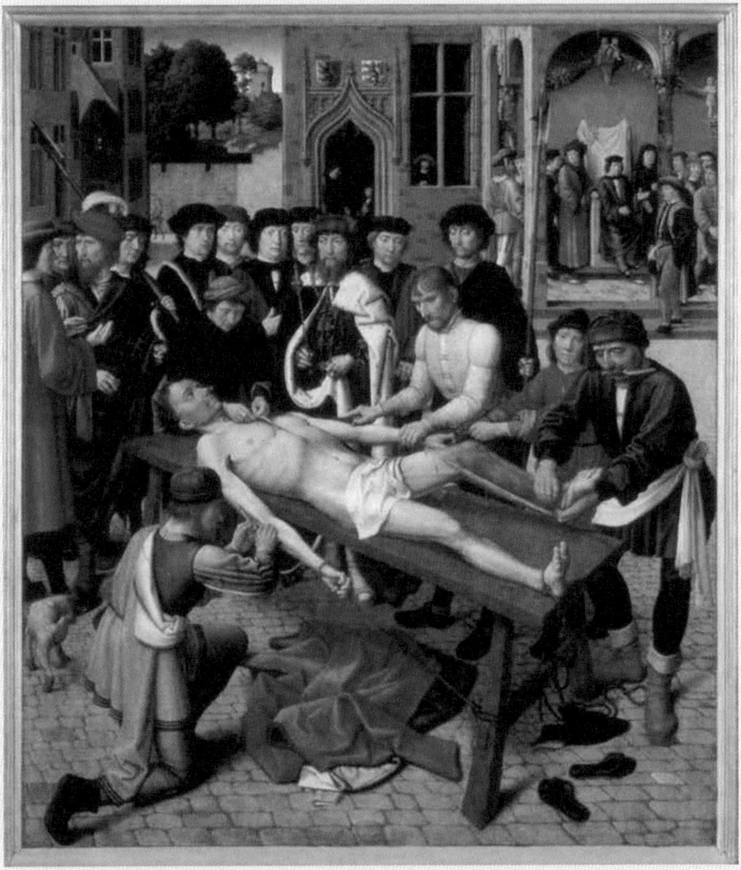

제라르 다비드, 〈캄비세스 왕의 심판〉

1488, 패널에 유화, 202×349.5센티, 벨기에 브뤼허 그루닝 박물관

형벌대 위에 누워 있습니다. 높은 신분을 상징하는 붉은 옷이 바닥에 나뒹구는 가운데 네 명의 집행관이 한꺼번에 달려들어 시삼네스의 팔, 다리, 몸통을 가릅니다. 산 채로 가죽을 벗기는 무시무시한 형벌을 받은 것입니다. 집행관들 사이에서 고개를 외면한 채 양손을 뻗어 시삼네스의 왼손을 잡은 소년이 보일 겁니다. 차마 죽어가는 아버지의 얼굴을 정면으로 보지 못하는 아들이지요. 이 아들은 오른쪽 그림의 상단에 재판관으로 다시 등장하는데요. 왕의 명령에 따라 아버지의 가죽으로 덮은 의자에 앉아 재판을 진행하고 있습니다. 알고 보면 냉혹하다 못해 엽기적이기까지 한 그림이지요.

시삼네스는 자신이 받은 돈 때문에 이처럼 처참한 죽음을 당하리라고 생각하지 못했을 겁니다. 마찬가지로 고작 2만 원을 받은 공무원 역시 자신이 사람의 목숨을 빼앗는 일을 도울 것이라곤 상상하지 못했을 테지요. 사실 오늘날의 법정에서 그에게 피해자의 죽음에 대한 책임까지 묻기는 어렵습니다. 어떤 행위를 범죄로 재단하려면 인과관계가 있어야 합니다. '사람의 복부를 흉기로 찌르면 목숨을 잃을 수 있다.'는 정도의 원인과 결과가 명백히 이어져야 하는데요. 개인정보 유출과 살인을 그렇게까지 볼 수는 없습니다. 다만 스스로 양심에 대한 재판이 있다면 유죄를 부인하기 어려울 겁니다. 평생을 희생당한 사람을 생각하며 가책에 시달려야 하겠지요.

미국의 기상학자가 처음 사용한 '나비 효과'라는 현상이 있습니다. 즉 나비의 날갯짓처럼 작은 변화, 사소한 움직임이 예상을 뛰어넘는 엄청난 결과로 이어질 수 있다는 것입니다. 베이징의 나비가 작은 날갯짓을 하면 그 여파로 뉴욕에 태풍을 일으킬 수 있다는 이론입니다.

그 공무원의 행동은 작은 나비의 날갯짓보다 훨씬 중대했습니다. 파장도 더 직접적으로 발생했습니다. 우리 사회에서 공무원만 그런 영향을 끼치는 것은 아닐 겁니다. 모두가 얽힌 세상은 수많은 사람의 손짓 발짓으로 촘촘하게 짜인 채로 움직이니까요. 누군가 잠깐 한눈을 파는 결과가 얼마든지 커다란 재앙으로 이어질 수 있습니다. 그 사실을 잊지 않는다면 우리가 내딛는 한 걸음 한 걸음이 더욱 신중해지고, 행동거지 또한 더 삼가게 될 것입니다.

당신이 잠든 사이 무슨 일이?

앙리 루소의 〈잠자는 집시 여인〉

수술대 위에 누워본 경험이 있나요? 푸르스름한 빛이 감도는 전등 불 아래에서 잠시 숫자를 헤아리다 깊은 잠에 빠집니다. 무의식 상태로 몸 전체를 고스란히 의사에게 맡기는 것이지요. 그 시간 동안 마치 머릿속의 필름을 잘라낸 것처럼 어떤 생각도, 기억도 남지 않습니다. 몸에 새겨진 흔적만이 무슨 일이 있었는지 짐작하게 해줍니다. 걱정스러운 눈빛으로 깨어나기를 기다리던 가족의 얼굴을 마주하며 비로소 안도의 한숨을 내쉴 수 있습니다.

그런데 말이지요. 시술이나 검진으로 인해 어떠한 저항도 불가능한 마취 상태를 노리는 경우가 종종 있습니다. '선생님'이라며 깍듯이 받든 의료인이 짐승으로 돌변하는 것이지요. 의식을 잃었으니 성적 자기결정권을 따지는 일조차 무의미합니다. 글자 그대로 무방비 상태에서 유린당하는 사태가 벌어지는데요. 그런 일을 겪었는지조차 모를 수 있습니다. 어찌어찌 들통이 날 때까지 피해자는 계속 늘어날 수밖에 없습니다. 아주 드물게, 어쩌다 실수로 발생하는 일이라고 눈감아주기에는 꽤 자주 벌어집니다. 의료인이 성추행, 성폭력 같은 성범죄를 저지르다 적발되는 사례는 해마다 100건 가까이에 이릅니다.

이를 예방하기 위해 수술실에 CCTV를 놓자는 사회적 요구가 높지만 쉽지 않습니다. 일부 의료인이 강하게 반발하고 있는데요. 그들의 반대 논거는 '잠재적 범죄자'로 취급당하는 게 싫다는 것입니다. 물론 의료인의 인권만을 생각한다면 이 주장도 일리는 있지요. 하지만 거꾸로 시술을 받는 환자의 인권도 생각해야 하지 않을까요?

일례로 유치원에는 대부분 CCTV가 설치되어 있는데 유치원 선생님들을 '잠재적 범죄자'로 취급해서 그런 게 아닙니다. 수술실 CCTV 또한 마찬가지입니다. 이런 장치는 비단 범죄 예방의 기능만 있는 게 아닙니다. 의료 행위는 생명, 신체를 다루는 엄중한 일입니다. 충분한 주의를 기울이지 못한 과실로 사고라도 일어나면 책임 소재를 가려야 하는데요. 의식을 잃은 환자가 전문가인 의사를 상대로 잘잘못을 가려내기란 쉽지 않습니다. CCTV 자료라도 있으면 환자가 억울한 사정을 푸는 데 아주 큰 도움이 될 것입니다.

우리 사회에서 의료 분야는 거의 성역에 가깝습니다. 의사가 범죄를 저질러도 웬만해서는 면허를 뺏지 못합니다. 의료와 관련한 범죄로 분명하게 실형을 받을 때만 자격을 제한하고 있기 때문입니다. 그러다 보니 진짜 범죄자까지 보호받는 황당한 일이 벌어지기도 합니다. 마취된 여성 환자의 신체 부위를 만지다 수사와 재판을 받게 된 수련의가 있었습니다. 그는 해당 병원을 그만두고 나와 아무렇지 않게 다른 대학병원 수련의로 일했습니다. 옮겨 간 병원에서는 그런 일이 있었다는 사실을 몰랐다고 합니다. 재판에 넘겨졌더라도 형이 확정되기 전까지 '전과'가 나오지 않기 때문입니다. 하기야 설령 재판을 통해 형이 확정된다 하더라도 여전히 의사로 일할 수 있으니 재판 여부는 큰 의미가 없습니다.

마취된 상태인 환자와 의사의 관계를 유추해 볼 수 있는 그림이 하나 있습니다. 앙리 루소(Henri Rousseau, 1844~1910)의 작품 〈잠자는 집시 여인〉인데요. 사자를 의사, 잠자는 집시 여인을 마취 상태의 환자로 본다면 지나친 비약일까요?

그림의 전체적인 분위기가 아주 묘하고 신비롭습니다. 루소는 이처럼 야릇한 느낌을 풍기는 작품을 많이 남겼는데 여기에는 그의 독특한 이력도 한몫했습니다. 사실 그는 정식화가가 아니었습니다. 인생의 대부분을 파리 세관에서 세관원으로 일했습니다. 미술은 순전히 독학으로 배웠는데요. 주말마다 그림을 그렸기에 '일요화가'의 시초로 꼽히기도 합니다. 번잡한 파리의 세관에서 일하며 미지의 세계에 대한 동경을 키운 것일까요? 루소는 원시의 자연을 탐구하는 데 열중하면서 현실과는 거리가 먼 상상 속의 세계를 그렸지요.

앙리 루소, 〈잠자는 집시 여인〉

1897, 캔버스에 유화, 129.5×200.7센티, 미국 뉴욕 현대미술관

실제로는 한 번도 가본 적이 없는 오묘한 세계를 그림 속에 펼쳐 놓았답니다.

그래서일까요? 그의 작품에는 현실에서는 절대 일어날 수 없는 비현실적 장면이 많습니다. 루소가 그린 열대 밀림에는 산중의 호랑이와 들판의 버펄로가 싸우고 있고요. 우거진 나무와 꽃, 풀잎 등도 실물과 같은 것은 하나도 없습니다. 원근법에도 맞지 않고, 비례도 엉망인 경우가 많습니다. 그렇지만 그의 작품을 보면 순수한 아이의 상상력을 마주한 것처럼 재미있습니다. 현실과 맞지 않는 낯설고 어색한 풍경이지만 그것이 또 신비로운 감성을 자극하기도 합니다.

〈잠자는 집시 여인〉 역시 그렇습니다. 주로 동유럽에 거주하는 집시 여인이 어쩌다 사막 위에서 잠이 들었는지 모르겠습니다. 더구나 사막은 초원의 제왕 사자가 헤맬 곳도 아니지요. 가만히 보면 그림의 구도나 시점도 잘 맞지 않는데요. 누워 있는 여인의 얼굴이 정면으로 그려져 있습니다. 반대로 사자는 옆모습만 보이고요. 하지만 이런 것들을 따지는 게 아무런 의미가 없을 만큼 그림은 그 자체로 아름답습니다. 놀랍게도 그림 속에는 고요가 깃들어 있고, 야생의 맹수와 무방비 상태로 잠든 여인이 함께 그려져 있는데도 무척 평화로워 보입니다. 왜 이런 그림을 그렸을까요? 루소는 혹시라도 자신의 뜻이 제대로 전달되지 않을까 염려했는지 그림에 이런 설명을 덧붙여 놓았답니다.

"만돌린을 연주하는 떠돌이 집시가 피로에 지쳐 깊은 잠에 빠져 있다. 지나던 사자가 냄새를 맡고 다가왔지만 잠든 그녀를 공격하지 않는다. 달빛은 조용히 그곳을 비춘다."

사막을 비추는 달빛처럼 동그란 의료용 조명 아래 놓인 마취 상대의 환자에게 어쩌면 의사는 맹수보다 두려운 존재입니다. 손에 들고 있는 날카로운 메스에 생명이 달려 있습니다. 그 어떤 저항도 할 수 없어 온전히 몸을 맡겨야 합니다. 홀로 잠든 집시 여인처럼 도와주는 이도 없습니다. 생명을 다룬다는 점에서 의료진은 세상 그 어느 권력과도 비교할 수 없는 독보적 권위를 갖습니다. 그런 존재가 야생의 맹수조차 하지 않을 짓을 저지르는 건 너무나 공포스러운 일입니다. 의료진이 손에 든 칼은 누군가를 해치는 게 아니라 생명을 살리는 칼입니다. 누구보다 환자에게 안정과 평화로움을 선사하는 존재여야 합니다. 그럴 때만 사회적 존경을 받으며 '의사 선생님'이라는 깍듯한 호칭이 빛을 발할 것입니다.

의사뿐 아니라 우리 사회에는 막강한 권력을 지닌 사람들이 있습니다. 고위 공무원이나 정치인, 법조인에게도 누군가의 인생을 흔들 수 있는 지위가 주어지곤 합니다. 그들 역시 마찬가지입니다. 함부로 힘을 휘두르는 맹수가 아니라 평화를 주는 존재여야 합니다. 삶에 지친 보통 사람들이 마음 놓고 잠들 수 있도록 말입니다.

제4부

한 폭의 그림은 한 편의 드라마

빠른 속도로 변해가는 문명의 소용돌이 속에
그저 휩쓸려 가는 건 아닌지요.
시간이라는 기관차에 몸을 싣고
빛의 속도로 달리는 이 시대,
도대체 우리가 어디로 가는지는
알고 달려야 하지 않겠습니까?

삐뚤어진 시선은 부메랑이 된다

디에고 벨라스케스의 〈시녀들〉

세 명, 네 명 혹은 그보다 많은 여럿이 한 사람의 피해자를 폭행하는 일이 종종 뉴스에 나옵니다. 심지어 가둬 놓고 몇 시간이고 괴롭히기까지 하는데요. 이런 집단폭행의 가해자들은 놀랍게도 중학생, 고등학생인 청소년들입니다. 딱히 별다른 이유도 없습니다. 뒷담화를 했다거나 다문화 가정 출신이라 생김새가 다르다는 명목입니다.

이와 같은 청소년의 비행에는 흔히 뒤따르는 추가 범죄가 있는데요. 무차별적인 폭력으로 만신창이가 된 피해자의 모습을 촬영해 SNS에 올리는 겁니다. 수치스러운 모습을 여러 사람이 볼 수 있도록 만드는 2차 가해 행위입니다. 때로는 그런 영상을 찍으며 낄낄거리는 가해자들의 목소리까지 들어가 있어 보는 사람을 경악하게 만듭니다. 다른 사람을 조롱거리로 만드는 일이 어떻게 즐거울 수 있을까요?

차별과 폭력, 집단 따돌림 등의 문제가 우리 사회에 짙은 그늘을 드리우고 있는데요. 이와 관련하여 되새겨볼 만한 명작이 하나 있습니다. 17세기 스페인 궁정화가 벨라스케스(Diego Rodríguez de Silva y Velázquez, 1599~1660)의 작품 〈시녀들〉입니다. 프라도 미술관의 한 면을 차지하고 있을 만큼 큰 대작입니다. 가로가 3미터 가까이 되는 이 그림에는 참 많은 이야깃거리가 숨겨져 있는데요. 우선 등장인물부터 많습니다. 중앙에 선 공주를 중심으로 열한 명이 빙 둘러서 있습니다. 이들 가운데는 그림을 그린 벨라스케스 자신의 모습이 들어 있는 점도 아주 특이한데요. 이런 식으로 그림 속에 화가가 등장하는 건 이 작품이 역사상 처음이랍니다.

그림 속 벨라스케스를 눈여겨보세요. 커다란 캔버스를 앞에 둔 채 손에 팔레트와 붓을 들고 그림을 그리는 모습입니다. 언뜻 보면 마치 공주의 초상화를 그리는 것 같지만 그렇지 않습니다. 뒤편 거울 속에 비밀이 숨어 있습니다. 거울에는 나란히 선 국왕 부부가 숨은 그림처럼 비치고 있는데, 화가는 지금 그들을 그리는 중입니다.

공주는 단지 그 모습을 구경하고 있지요. 뒤편 열린 문에도 누군가 화면 전체를 바라보는 시선이 있는데요. 여기에 그림 속 화가와 그림 밖 관객의 시선까지 겹쳐지면 보는 것이 어느 쪽이고, 보이는 쪽은 누구인지 구분이 불가능합니다.

등장인물 가운데 특히 눈에 띄는 인물이 있는데요. 반려견 뒤편에 선 왜소증의 시녀입니다. 중세 유럽을 배경으로 한 영화나 드라마 속의 궁정 장면을 눈여겨보면 광대나 왜소증을 앓는 사람이 흔히 등장합니다. 여기에는 그만한 이유가 있지요. 당시 귀족들 사이에서는 고약한 유행이 있었답니다. 장애인을 시종으로 부리며 종종 웃음거리로 삼는 일이었지요. 그들은 귀족들에게 마치 애완동물과 같은 존재였답니다. 이런 유행이 번지면서 나중에는 일반 백성들마저 그런 사람을 불러모아 그들이 벌이는 쇼를 즐겼다는데요. 나이가 들면서 귀족들에게 버림받은 장애인이 마지막까지 사람들의 구경거리로 전락해 생을 마친 겁니다. 인간이 다른 인간의 고통에 대해 얼마나 무심하고 잔인해질 수 있는지 엿보이는 대목이지요.

벨라스케스, 〈시녀들〉

1656, 캔버스에 유화, 318×276센티, 스페인 마드리드 프라도 미술관

더 안타까운 사실은 당시 그런 사람들을 찾는 수요가 늘어나면서 심각한 문제도 발생했다고 합니다. 가난한 집안의 아이들을 데려다 일부러 기형을 만드는 범죄자가 생긴 것이지요. 납치한 아이들을 좁은 틀 안에 가두어둔 채 관절을 꽁꽁 묶고, 더 이상 자랄 수 없도록 최소한의 음식만 먹인 겁니다. 얼굴에 상처를 입히거나 약물을 주입해 억지로 웃는 얼굴을 만들기도 했습니다. 프랑스 작가 빅토르 위고가 소설 『웃는 남자』를 통해 그런 현실을 고발했고요. 영화 〈배트맨〉에 등장하는 캐릭터 '조커'의 기원이기도 합니다. 활짝 웃는 피에로의 입술은 사실 칼로 새겨진 끔찍한 상처였던 겁니다.

벨라스케스의 〈시녀들〉에 등장하는 난쟁이도 바로 그런 야만적인 풍속의 소산입니다. 하지만 다른 난쟁이와 중대한 차이점이 있습니다. 앞서 살펴본 것처럼 조롱의 대상으로는 보이지 않는다는 점입니다. 표정과 옷차림, 자세 어디를 살펴봐도 당당해 보입니다. 공주와 함께 서 있는데도 전혀 위축된 모습이 아닙니다. 당당하게 인간으로서의 존엄을 지키고 있지요.

주관적 감상만으로 하는 이야기가 아니라 여기에는 나름의 근거가 있습니다. 벨라스케스는 왕의 총애를 받는 궁정화가이고 스스로도 높은 신분의 귀족이었지요. 그의 눈에는 모두가 평등한 것으로 보였답니다. 벨라스케스 역시 당시 화가들의 주된 업무인 초상화를 많이 그렸는데요. 놀랍게도 자신의 하인을 모델로 삼은 작품 〈후안 데 파레하의 초상〉도 있습니다. 그런 일 역시 최초라고 하는데요. 더 놀라운 것은 그림 속 하인이 얼핏 보면 어느 귀족이라고

벨라스케스, 〈후안 데 파레하의 초상〉
1650, 캔버스에 유화, 81.3×69.9센티, 미국 뉴욕 메트로폴리탄 미술관

해도 어색하지 않을 만큼 위엄 있는 모습입니다. 적어도 그의 그림 속에서만은 모두가 평등한 존재였습니다. 왕, 교황, 귀족뿐만 아니라 하인, 평민, 장애인 어느 누구도 차별하지 않았습니다. 이런 마음가짐이야말로 그가 위대한 예술가로 역사에 남은 진짜 이유가 아닐까요?

세상 만물은 모두가 상호작용을 하며 인연을 맺고 있습니다. 타인을 향한 삐뚤어진 시선이 부메랑이 되어 다시 자신에게 돌아올 수도 있습니다. 또래 친구를 괴롭히다 못해 그 모습마저 웃음거리인 양 SNS에 올렸던 학생들은 왜 자신의 행동이 남들의 눈에는 질타의 대상이 된다는 사실을 깨닫지 못할까요? 바라보는 사람은 누구이고, 보이는 사람은 누구일까요? 비단 어린 학생들에게만 일어나는 일은 아닐 겁니다. 다른 사람을 기형이라며 조롱했던 중세 유럽 귀족들의 그릇된 인식이야말로 진짜 기형이 아닐까요? 누군가를 바라보는 그 눈길이 그대로 자신에게 돌아온다는 사실을 잊지 말아야 할 것입니다.

어머니라는 이름의 굴레

안니발레 카라치의 〈그리스도 죽음에 대한 애도〉

살인 혐의로 재판에 넘겨진 70대 후반 여인이 있었습니다. 스스로 죄를 자백했는데요. 충격적인 사실은 피해자가 50대 아들이었다는 겁니다. 나이를 먹을 만큼 먹고도 하는 일 없이 여동생 집에 얹혀사는 꼴이 한심해서 그런 일을 저질렀다고 했습니다. 사건이 일어난 날에도 술에 취해 행패를 부렸다고 합니다.

재판부는 자백에도 불구하고 그녀에게 무죄를 선고했습니다. 이유는 자백의 신빙성을 의심한 것입니다. 우선 체중이 100킬로그램이 넘는 아들을 노모 혼자 해치우기는 어렵습니다. 아무래도 다른 가족을 보호하기 위해 거짓말을 하고 있을 가능성이 있다고 여긴 것입니다. 혹시라도 자신의 죄가 인정되지 않으면 딸을 의심할까 봐 걱정해서 스스로 허위 자백을 한 것으로 봤습니다. 이미 아들이 죽었는데, 딸까지 살인범으로 몰리는 일만은 피하고 싶어서 거짓 진술을 했다는 판단을 내린 것입니다. 그렇다고 딸이 진범으로 밝혀진 것은 아닌데요. 보통의 경우 다른 사람의 죄를, 그것도 살인죄를 본인 스스로 덮어쓰지는 않을 테지만 어머니라면 충분히 그럴 수 있다고 보았습니다.

어머니의 사랑은 이처럼 깊고 넓어서 그 크기를 헤아리기 어려운데요. 흔히 부모보다 먼저 세상을 떠나는 일만큼 큰 불효는 없다고 합니다. 자식 앞세운 어머니 가운데 가장 잘 알려진 인물로 성모 마리아를 꼽을 수 있습니다. 곰곰이 생각해 보면 예수는 그녀에게 정말 아픈 손가락이었습니다. 혼인도 하기 전 배 속에 아이를 가진 것인데 이것은 당시 중동에서 여성의 사회적 지위에 비춰봤을 때 아주 위험한 일이었습니다. 자칫하면 목숨을 잃을 수도 있는 문제였지요. 다행히 천사의 중재로 무사히 넘어갔지만, 그전까지 심적 고통은 이루 헤아릴 수 없이 심했을 겁니다. 태어날 무렵엔 로마의 정치적 핍박을 피해 이국땅을 헤매야 했고요. 그토록 어렵게 키운 자식이 십자가에 매달려 죽어가는 꼴을 본 어머니의 심정은 이루 형언하기 어려울 겁니다.

'피에타'는 원래 이탈리아어로 슬픔, 연민 같은 감정을 뜻합니다. 미술에서는 성모 마리아가 죽은 예수를 안고 슬퍼하는 모습을 표현한 작품을 가리키지요. 미켈란젤로의 조각 〈피에타〉가 워낙 유명한 탓에 '피에타'가 고유명사처럼 쓰이기도 하는데요. 축 늘어진

미켈란젤로, 〈피에타〉

1498–1499, 대리석에 조각, 174×195센티, 바티칸 시국 성 베드로 성당

예수의 몸을 무릎에 안고 치마폭으로 감싼 모습을 표현한 조각품은 성스러움 그 자체라고 할 수 있습니다. 미켈란젤로 이후 후배 미술가들의 작품 역시 대부분 그런 분위기입니다.

현실에서도 피에타와 같은 광경을 보기도 합니다. 이건 순전히 개인적인 경험입니다만 심하게 앓는 아이를 안고 온 어머니를 병원 응급실에서 마주친 적이 있습니다. 한겨울 차가운 새벽녘이었는데 옷깃조차 제대로 여미지 못하고 있었습니다. 신발도 신지 않았고요. 그나마 한쪽 발엔 양말이 걸쳐져 있었지만 다른 발은 그냥 흙투성이 맨살이었습니다. 그녀의 표정은 넋이 나갔다는 말로밖에 설명할 길이 없습니다. 한참을 바라보았지만 단 한순간도 자신에 관해 의식하지 못했습니다. 오로지 생명이 경각에 달린 자식 생각뿐이었습니다.

그 모습이 성스러울 리 만무하지만 이거야말로 진짜 어머니의 모습 아닐까요? 피에타를 주제로 한 많은 그림 중 안니발레 카라치(Annibale Carracci, 1560~1609)의 작품 〈그리스도의 죽음을 애도함〉이 그렇습니다. 카라치는 인위적인 양식을 버리고 진실을 담으려 애쓴 화가인데요. 그림 속에는 이제 막 십자가에서 끌어내린 예수의 몸이 힘없이 늘어져 있습니다. 생명을 상징하는 피가 모조리 빠져나간 듯 창백합니다. 그를 안은 마리아 역시 마찬가지입니다. 도미노처럼 자식과 함께 나란히 쓰러져 있습니다. 늘어뜨린 팔, 젖혀진 고개, 벌어진 입술…. 예수와 마리아가 똑같습니다. 자식을 잃은 그녀는 살아 있어도 살아 있는 것이 아닌 모습입니다. 자식이 인류의 구

안니발레 카라치, 〈그리스도의 죽음을 애도함〉

1606, 캔버스에 유화, 92.8×103.2센티, 영국 런던 내셔널 갤러리

원자라서 그런 것도 아닙니다.

도대체 마리아에게 예수는 어떤 아들이었을까요? 성경에 따르면 예수는 단 한 번도 마리아를 어머니로 부른 적이 없습니다. 대화를 나눌 때 부른 호칭은 '여자여!'였습니다. 설교를 하며 세상을 떠돌 때 어머니가 찾아왔다는 소식을 듣고도 하던 일만 계속했습니다. 밖으로 나가 보지도 않았습니다. 예수를 중심으로 쓰인 종교적인 기록이라는 점을 감안해도 딱히 효자는 아니었던 모양입니다. 홀대하지도 않았지만, 깍듯이 모신 일도 없었습니다. 그 때문인지 나중에야 '성모'로 추앙을 받았지만 정작 성경에도 마리아에 대해 별다른 행적이 적혀 있지는 않습니다.

마지막까지 예수 곁을 지킨 건 어머니 마리아였습니다. 예수가 십자가형에 처할 때 막상 열두 제자는 모두 도망가 버렸습니다. 현실에서는 사형 선고가 내려진 범죄자였으니까요. 그렇게 누명을 쓰고 죽어간 자식을 받아든 그녀의 모습은 분명 카라치의 그림에 가까웠을 겁니다. 신의 아들이든 손가락질받는 범죄자이든 어머니에게 자식은 자식입니다. 오히려 가슴 아픈 자식이었기에 더욱 아프게 여겼을 테지요. 그런 자식이 먼저 떠났으니 가슴에 묻고 함께 쓰러질 수밖에 없었을 겁니다.

'어머니'라는 존재를 말할 때면 누구나 숭고한 사랑을 얘기합니다. 미켈란젤로의 〈피에타〉처럼 고귀한 존재로 묘사하지요. 하지만 막상 '나의 어머니'는 어떨까요? 우아함보다는 투박함이, 숭고함보다는 생활의 고단함으로 흐트러진 모습입니다. 자식들을 먹이고 키우느라 잘 꾸밀 여유가 없습니다. 자식에게 걱정거리라도 생기면 당신 일보다 더 힘들어합니다. 현실의 어머니는 카라치의 그림에 가깝습니다. 예수가 마리아를 '여자여!'라고 불렀다지만 대개 자식들은 그보다 딱히 나은 목소리로 어머니를 부르지도 않습니다. 세상사에 시달린 분풀이를 어머니에게 신경질적으로 쏟아내기도 합니다. 예수처럼 신의 아들도 아닌 주제에 날마다 바쁘다는 핑계로 연락조차 소홀하기 쉽습니다. '나의 어머니'는 그다지 아름답거나 우아하지 않을 때가 더 많습니다. 바로 '나' 때문에 그렇지요. 지금 그녀가 어디에 어떤 모습으로 있는지 알고 있습니까? '나의 어머니'는 지금도 '나'를 기다리고 있습니다.

문명의 속도는 우리를 어디로 데려갈까?

윌리엄 터너의 〈비, 증기, 그리고 속도〉

2016년 8월 부산에서 있었던 일입니다. 60대 남자가 운전하던 SUV 차량이 갑자기 속도를 높이더니 주차된 트레일러 후미를 들이받았습니다. 일가족이 다 함께 물놀이를 가는 길이었는데요. 운전자를 제외한 부인과 딸, 어린 손자 두 명이 모두 숨지는 안타까운 사고였습니다. 사고 차량의 운전자는 27년가량 운수업에 종사한 베테랑이었습니다. 손자들까지 태웠으니 더욱 조심했으리라 보는 게 상식적이겠지요. 사고를 당한 운전자는 급발진 때문이라며 소송을 제기했는데요. 6년 만에 나온 판결은 뜻밖이었습니다. 법원이 자동차 회사의 손을 들어준 겁니다.

한국교통안전공단에 따르면 우리나라에서는 한 해 40건 가까운 급발진 의심 사례가 접수됩니다. 하지만 실제 급발진으로 인정받는 경우는 거의 없습니다. 법원에 소송을 제기해도 대부분 브레이크를 밟지 않았거나 착오로 액셀러레이터를 밟았을 것으로 봅니다. 왜 이런 편향적인 판결이 이어지는 걸까요? 현행법에 따르면 급발진 사고로 인해 손해를 입었다고 주장하는 사람이 그 원인을 입증해야 합니다. 전문가도 아닌 일반인이 그것을 알아내고 증명하기란 거의 불가능에 가깝습니다.

이런 문제 때문에 거꾸로 회사가 자동차 결함이 아니란 사실을 밝혀야 한다는 목소리가 점점 높아지고 있는데요. 자동차뿐만 아니라 생활 속에서 누리는 여러 가지 문명의 이기가 사실 그렇습니다. 편리하다는 이유로 아무런 의심 없이 사용하는 것이 많지만 그로 인해 예기치 못한 사고를 당하기도 합니다.

우리 주변에는 문명의 속도에서 파생된 알 수 없는 위험이 곳곳에 도사리고 있습니다. 일찍부터 이를 간파하고 화폭에 담아낸 선구적 미술가가 있습니다. 영국의 국민화가로 꼽히는 윌리엄 터너(Joseph Mallord William Turner, 1775~1851)가 그 주인공인데요. 그는 산업혁명 이후 빠르게 변화하는 시대상을 담은 작품을 많이 남겼습니다. 대표작 중 하나인 〈전함 테메레르〉는 터너의 초상과 함께 영국의 20파운드 지폐에 인쇄되어 있을 정도로 유명합니다. 테메레르는 98문의 함포로 무장하고 트라팔가르 해전에서 프랑스와 스페인의 연합함대를 물리치는 혁혁한 공로를 세운 전설적인 군함입니다. 그런데 터너의 그림에서는 저녁놀을 배경으로 돛을 내린 채 예인선에

윌리엄 터너, 〈전함 테메레르〉

1839, 캔버스에 유화, 90.7×121.6 센티, 영국 런던 내셔널 갤러리

끌려가고 있지요. 기술의 발달로 증기선이 도입되면서 시대의 뒤안길로 사라지는 장면입니다.

〈전함 테메레르〉가 떠나는 구시대를 그렸다면, 〈비, 증기, 그리고 속도〉는 새롭게 맞이하는 시대의 찬가 같은 작품입니다. 1838년 처음으로 영국에선 증기 기관차가 땅 위를 달리기 시작했습니다. 사람들은 그 경이로운 모습에 감탄했지요. 굉음과 연기를 뿜으며 이전까지 상상할 수 없던 엄청난 속도로 많은 승객과 짐을 날랐으니까요. 새로운 문명의 이기에 열광하던 사람들은 너도나도 증기 기관차에 오르기 위해 줄을 섰지요. 터너 역시 빗줄기가 쏟아지던 어느 날 그 대열에 합류했습니다.

그는 증기 기관차에 몸을 싣고 온몸으로 속도를 느꼈는데요. 10분 정도 창문을 연 채 세차게 내리는 비를 맞기도 했답니다. 그때 받은 인상을 바탕으로 철교 위를 질주하는 기관차를 그린 겁니다. 터너 자신은 객차 안에서 속도를 체험했지만, 상상력을 동원하여 마치 바깥에서 기관차가 달리는 모습을 본 것처럼 표현했습니다. 거칠게 느껴지는 붓질로 기관차의 역동적인 움직임을 살려냈는데요. 구름과 안개를 뚫고 나오는 모습이 흡사 우주 공간을 뚫고 달리는 '은하철도 999'를 떠올리게 합니다.

증기 기관차를 처음 접하다 보니 웃지 못할 일들도 많이 벌어졌습니다. 일부 학자들은 특히 속도를 문제 삼았습니다. 인간이 감당할 수 없는 빠르기라고 주장했지요. 그걸 보면 뇌에 지나친 부담을 줄 수 있으므로 기관차가 달릴 때는 창문을 닫거나 철길 주변에

윌리엄 터너, 〈비, 증기, 그리고 속도〉

1844, 캔버스에 유화, 91×121.8센티, 영국 런던 내셔널 갤러리

담을 쌓아 눈으로 속도를 느낄 수 없게 만들어야 한다고 목소리를 높였습니다. 현재의 우리는 실소를 금할 수 없는 얘기지만 기껏해야 말을 타고 달리는 게 최고 속도였던 시대이다 보니 이런 어처구니없는 일이 벌어진 겁니다.

지금은 그때와 비교도 할 수 없을 만큼 모든 일이 빠른 속도로 이루어집니다. 교통수단만 해도 증기 기관차는 이미 옛말이 되었습니다. 가솔린, 디젤 엔진에 이어 전기 자동차가 대세로 자리 잡았고, 저마다 손에 쥔 스마트폰이 편지나 전보 따위의 통신수단을 밀어낸 지 오래되었습니다. 돈을 주고받는 일마저 빛의 속도로 이루어집니다.

이처럼 빠른 속도로 인해 인간의 생활이 편해진 면도 분명 있지요. 하지만 편한 만큼 혹독한 대가를 치러야 할 때도 있습니다. 꼭 급발진이 아니더라도 교통사고는 순식간에 목숨을 앗아갑니다. 개인 정보가 담긴 스마트폰이 해킹이라도 당하면 어떨까요? 상상하지 못할 나쁜 일에 악용될 수 있습니다. 여러 금융 계좌를 한군데 묶어 편리하게 이용할 수 있는 오픈 뱅킹 역시 그렇습니다. 한 곳이 뚫리게 되면 순식간에 모조리 털리게 됩니다.

아무런 경계심 없이 우리는 문명의 속도를 받아들입니다. 자동차의 엔진은 어떻게 그렇게 빠른 속도를 내는지, 스마트폰의 프로그램을 이용할 때 아이디는 어떻게 쓰이는지, 오픈 뱅킹의 장점과 단점은 무엇인지…. 새로운 기능을 어디까지 허용해야 할 것인지 별생각 없이 '동의' 표시를 합니다. 그래서 벌어지는 사건 사고가

의외로 많습니다. 앞서 언급한 급발진 사고도 그중 하나입니다. 대부분의 사람들이 별 탈 없이 자동차를 쓰고 있기에 연간 40건 가까운 급발진 의심 사례 역시 그저 남 일이려니 무심하기만 합니다.

모든 문명의 이기를 버리고 '자연인'으로 돌아가자는 얘기가 아닙니다. 증기 기관차의 속도를 경험한 뒤 이를 바깥의 시선으로 표현한 터너처럼 우리가 일상생활에서 누리는 문명이 어디까지 이르렀는지 한 번쯤 바깥의 시선으로 바라보자는 것입니다. 빠른 속도로 변해가는 문명의 소용돌이 속에 그저 휩쓸려 가는 건 아닌지 되돌아보자는 말이지요.

비단 과학기술에만 국한해서 하는 얘기는 아닙니다. 개인의 삶도 그렇습니다. 살아가면서 누구나 크고 작은 많은 일에 부딪힙니다. 원치 않아도 필연적으로 맞닥뜨릴 수밖에 없는 일도 있지만 미리 알고 대비할 수 있는 일도 얼마든지 있을 겁니다. 지금 어디쯤 서 있는지 가끔 멈춰 서서 찬찬히 살펴볼 필요가 있지 않을까요? 시간이라는 기관차에 몸을 싣고 빛의 속도로 달리는 이 시대! 도대체 우리가 어디로 가는지는 알고 달려야 하지 않겠습니까?

검사도 판사도 똑같은 인간이다

장 레옹 제롬의 〈배심원 앞에 선 프리네〉

속칭 '바바리맨'이라고 불리는 사람들이 있습니다. 긴 외투로 알몸을 가린 채 돌아다니다 갑작스레 자신의 나체를 드러내는데요. 의학적으론 이상 성욕자라고 봐야 할 겁니다. 예전에는 주로 여학교 주변을 배회했지만, 최근에는 이들이 온라인으로도 활동 영역을 넓혔습니다. 빈 강의실, 공중 화장실, 심지어 기차 안에서 노출을 감행한 다음 그걸 사진으로 찍어서 온라인에 무차별적으로 배포하는 겁니다. 이를테면 온라인 수업을 하고 있는데 느닷없이 야한 동영상이나 사진을 올리고 도망치는 식이지요.

이들의 꼴 사나운 행태를 보다 못해 급기야 강력한 처벌을 요구하는 청와대 국민청원까지 올라오기도 했습니다. 혼자만의 행위로 그치지 않고 성범죄로 나아갈 수 있으니 각별한 경각심이 필요한 것은 사실입니다. 공공장소에서 신체 부위를 노출하거나 음란행위를 할 경우 과다노출에 따른 경범죄 혹은 형법상 공연음란죄로 처벌할 수 있습니다. '온라인 바바리맨'이라면 통신매체 이용 음란죄를 적용할 수도 있고요. 어느 경우든 징역형까지 가능한 엄연한 범죄입니다.

그런데 과거의 역사를 뒤져보면 공공장소, 그것도 법정에서 알몸을 드러내고도 아무런 처벌을 받지 않은 사건이 있었습니다. 기원전 4세기 그리스에서 열린 재판이었지요. 피고인은 당시 '헤타이라'로 불리던 직업여성 프리네였습니다. 헤타이라는 성적 대상이었지만 한편으론 예술을 비롯해 정치, 사회에 대한 식견을 갖춘 전문직이었는데요. 프리네는 그중에서도 탁월한 존재였답니다. 미의 여신 비너스를 소재로 한 작품의 모델로 설 만큼 미인이었고요. 알렉산더의 침략으로 무너진 도시의 재건을 도울 만한 재력까지 갖추었답니다.

그런 프리네를 흠모하던 귀족이 있었습니다. 하지만 그녀가 자신의 구애를 받아주지 않자 법률 지식으로 복수에 나섰습니다. 프리네가 연극에서 나체 상태로 여신 역할을 맡은 걸 걸고넘어진 것이지요. 그녀가 공공연하게 알몸을 드러냈고, 속된 인간 주제에 여신 흉내를 냈으니 신성모독이라는 주장을 펼쳤답니다.

고발에 따라 재판이 열렸는데요. 당시의 신성모독은 사형이었습니다. 법정에서 프리네의 변호인은 혼신을 다해 변론을 펼쳤습니

장 레옹 제롬, 〈배심원 앞에 선 프리네〉

1861, 캔버스에 유화, 80.5×128센티, 독일 함부르크 미술관

다. 하지만 아무리 봐도 배심원단의 표정이 심상치가 않았답니다. 고발 내용이 사실은 사실이었으니까요. 고민을 거듭하던 변호인이 위험한 도박에 나섰습니다. 법정에서 연극을 하듯 다소 과장된 몸짓으로 다가가 프리네의 옷을 확 걷어 버린 겁니다. 그녀는 부끄러움에 얼굴을 가렸고, 실오라기 하나 걸치지 않은 알몸이 고스란히 드러났습니다. 일시에 법정은 '동작 그만' 상태에 빠졌지요. 그 순간을 19세기에 활동했던 프랑스의 화가이자 조각가 장 레옹 제롬(Jean-Léon Gérôme, 1824~1904)이 실감나게 그려낸 작품 〈배심원 앞에 선 프리네〉가 있습니다.

그림 속 배심원들의 반응이 굉장히 다양하고 재미있습니다. 경악하듯 양손을 치켜든 사람도 있고, 머리를 감싸쥔 사람도 있고, 좋은 구경거리를 만났다는 듯 고개를 앞으로 쭉 내민 사람도 있습니다. 분명한 건 이 민망한 상황을 피하려고 정작 눈을 감은 사람이 하나도 없다는 겁니다. 나이 든 사람이나 젊은 사람이나 모두 뚫어질 듯 프리네를 쳐다보고 있습니다. 고발한 당사자인 귀족만 변호인의 손에 들린 옷 때문에 그녀를 볼 수 없었을 뿐입니다.

그렇다면 재판의 결과는 어찌 되었을까요? 배심원들의 판결문은 다음과 같았습니다. '저 여인의 아름다움은 신의 의지로 받아들여야만 할 정도로 완벽하다. 따라서 그녀 앞에서 사람이 만들어 낸 법은 효력을 발휘할 수 없다. 그러므로 무죄를 선고한다.' 그녀의 아름다움은 신이 빚어낸 작품이니 인간의 법으로 처벌할 수 없다는 논리였습니다.

공연음란죄로 처벌받은 '바바리맨'이라면 이 판결을 보고 억울해할지도 모르지만, 결코 억울할 이유가 없습니다. 프리네 정도 되는 외모가 아니라면 절대 자신의 신체 부위를 드러내지 말아야 한다는 경고로 받아들이면 되니까요. 물론 당시의 판결이 지나친 논리의 비약이거나 비이성적인 결론이라고 생각할 수 있습니다. 하지만 현재의 법정 역시 비이성적 감정이 개입될 여지가 많은 것도 사실입니다.

미국 드렉셀대학교의 법학 교수 애덤 벤포라도는 저서 『언페어(Unfair)』를 통해 현재의 사법제도가 지닌 문제점을 고발하고 있는데요. 수사기관과 법원에 이르기까지 불확실한 기억, 편견, 근거 없는 직감 따위가 어떻게 억울한 사람을 만들어 내는지를 보여줍니다. 프리네의 경우처럼 실제로 배심원들은 피고인의 외모나 인종 등 외형적 요소에 적잖은 영향을 받는다고 합니다. 유색인종이라는 이유로 억울한 판결을 받는 일이 대표적이지요.

재판의 중심이 되는 판사의 기분 역시 중요합니다. 예를 들어 가석방을 심사하는 판사들을 조사했더니 흥미로운 결과가 나왔는데요. 아침에 업무를 시작할 때와 점심시간 이후에는 절반이 넘도록 가석방을 허락했습니다. 이에 반해 식사 전과 일과를 마칠 무렵에는 거의 허가 결정이 나지 않았답니다. 벤포라도는 또한 돈 많은 피고인을 위해 변호사가 제공하는 '변호 패키지'를 분석하며 '유전무죄 무전유죄'라는 말이 현실이라는 주장도 펼칩니다.

그가 고발한 내용 중에는 피고인에게 유리한 증거를 법원에 제출하지 않아 사형 선고를 받게 한 검사까지 있었습니다. 그런 일에 대한 검사들의 변명은 거의 똑같다고 합니다. 그 사건에서는 무죄였을지 몰라도, 다른 어떤 사건에서는 유죄가 틀림없다는 주장이지요. 어쨌든 벌을 받아 마땅한 '나쁜 놈'이라는 편견을 스스로 합리화한 것이 분명합니다.

이런 상황이 우리나라라고 해서 크게 다르지는 않습니다. 검찰의 수사 과정에서 알려진 일방적인 주장으로 여론몰이가 시작되고, 법정이 열리기도 전에 이미 대중으로부터 유죄를 받는 일은 흔합니다. 판사에게까지 선입견을 심어주는 바람에 실제 유죄 판결로 이어지기도 합니다. 무죄를 받더라도 수년의 재판 과정에서 만신창이가 되고 맙니다.

검사, 판사가 나쁜 의도로 벌이는 일이 아닐지라도 그렇습니다. 누군가에 대해 좋지 않은 인상을 품었다가 시간이 지나면 그렇지 않다는 사실을 깨달은 경험이 있을 겁니다. 법률 공부를 아무리 많이 해도 인간은 여전히 불완전할 수밖에 없습니다. 사법제도를 따르지 말자는 얘기가 아닙니다. 법을 적용하는 사법부의 결정과 그 법을 만드는 정치에 관해 비판적인 시각으로 지켜볼 필요가 있다는 말입니다. 나와는 상관없다고 해도 누구든지 억울한 일을 당할 수 있으니까요.

헛되고 헛되니 모든 게 헛되도다

하르먼 스틴베이크의 〈인생의 헛됨에 관한 우화〉

청와대 국민청원에 몹시 황당한 사연이 올라온 적이 있습니다. 어느 날 부친의 유골함이 든 택배를 받았다는 겁니다. 땅의 소유권을 두고 다투던 상대방이 분풀이로 묘를 파헤친 다음 임의로 화장해 택배로 보냈다고 합니다. 청원을 올린 사람은 묘지를 쓴 곳이 분명히 모친의 땅이라고 주장했는데요. 하루아침에 남편의 묘를 잃은 모친이 식음을 전폐하고 있다며 울분을 토했습니다.

분묘는 설령 남의 땅에 쓴 것이라도 함부로 열거나 옮길 수 없습니다. 과거에는 관습법에 따라 분묘기지권이라는 권리까지도 인정했습니다. 한 자리에 20년 이상 모신 조상묘라면 땅 주인도 이장을 요구할 수 없었지요. 대신 일정 금액의 토지 사용료는 내야 했습니다. 장사 등에 관한 법률이 개정된 2001년 1월 13일 이후에는 더 이상 그런 권리까지는 인정되지 않는데요. 그래도 여전히 이전을 위해서는 관할 지방자치단체의 허가를 받아야 합니다.

법으로 정한 절차를 거치지 않고 함부로 남의 분묘를 파헤치면 형법에 따라 5년 이하의 징역형을 받을 수 있습니다. 벌금형 없이 징역형만 규정하고 있기 때문에 지나친 형벌이라면서 위헌 여부를 다툰 일도 있습니다. 헌법재판소는 2019년 합헌이라고 결정했습니다. 분묘는 단순히 망자의 시신이 묻힌 땅이 아니라 영혼이 자리 잡은 경건한 곳으로 여기는 것이 국민 일반의 가치관이라는 판단이었습니다.

소유권 다툼이 일어났던 땅의 가치가 얼마인지는 알려지지 않았지만, 그 땅 때문에 망자의 사후세계까지 불편하게 만들었던 겁니다. 지나친 욕심이 묘지 속 영혼조차도 세속적 분쟁의 소용돌이에 휘말리게 만들었지요. 하지만 따지고 보면 죽음 앞에서는 모두가 무의미합니다. 세상의 그 어떤 막강한 권력도 거대한 부도 죽음을 초월할 수는 없는 법이니까요. 그러니 죽음 앞에서는 모두가 겸손해져야 하지요. 이런 진리를 예술적으로 표현한 작품이 있습니다.

17세기 네덜란드에는 죽음을 마주하며 세속의 욕망을 경계하도록 하는 바니타스(Vanitas) 정물화가 유행했는데요. 바니타스는 '헛되고 헛되니 모든 것이 헛되도다.'라는 성경 구절에서 유래한 명칭입니다. 하르먼 스틴베이크(harmen steenwyck, 1612~1655)가 그린 〈인생의 헛됨에 관한 우화〉가 전형적인 작품이지요.

하르먼 스틴베이크, 〈인생의 헛됨에 관한 우화〉

1640, 패널에 유화, 39.2×50.7센티, 영국 런던 내셔널 갤러리

그림을 보면 탁자 위에 갖가지 물건들이 무질서하게 쌓여 있고, 그 중심에 해골이 자리 잡고 있습니다. 한때는 이 물건들의 주인이었던 백골이 살아생전 누린 이승의 즐거움을 상징하고 있습니다. 달콤한 술이 출렁거렸을 커다란 술병이 덩그러니 놓여 있고요. 더 이상 울리지 않는 피리가 보입니다. 현악기인 류트 역시 뒤집혀 있습니다. 주인의 교양과 지식을 채워 주었을 책들도 보입니다. 당시에는 상당히 진귀한 물건인 일본도까지 놓여 있는 것으로 봐서 남부러울 것 없는 삶을 산 사람일 테지요.

그러나 이제는 그 모든 것이 덧없습니다. 왼쪽 높은 곳으로부터 빛이 비칩니다. 저 빛을 따라가면 사후의 세계, 하늘나라로 통하겠지요. 빈손으로 와서 빈손으로 가는 것이 인생입니다. 한때는 생기 있고 건장했을 몸은 턱이 빠진 해골로 남았습니다. 죽은 자는 말이 없으니까요. 바니타스 정물화는 이처럼 현세에서 추구할 수 있는 여러 가지 욕망을 상징하는 물건들을 나열하면서 그 모든 것이 죽음 앞에 덧없다는 사실을 깨우쳐 주는 그림입니다. 왜 이런 그림을 그렸냐고요?

당시의 네덜란드는 무역의 중심지로서 경제적으로 풍요롭고 문화적으로 황금기를 누리고 있었는데요. 잇따라 전쟁과 내부 갈등이 벌어져 정치적으로는 무척 불안정했습니다. 반면에 종교적으로는 금욕적인 교리를 가진 개신교를 받아들였습니다. 당장은 권력과 부를 누리고 있지만 언제든지 잃을 수 있는 상황인 셈이지요. 그래서 바니타스 정물화로 집 안을 장식하는 일이 유행했다고 합니다. 죽

음 앞에서는 모든 것이 헛되고 헛되니 부질없는 욕망에 사로잡혀 인생을 낭비하지 말라는 교훈을 새긴 것이지요.

이런 교훈은 비단 그 시절에만 통하는 것일까요? 아닙니다. 어느 시대를 막론하고 적어도 죽음만큼은 부자와 빈자 누구에게나 공평합니다. 망자를 기억하는 방법은 시대와 문화에 따라 다양하겠지만 가장 중요한 가르침은 죽음 그 자체일 것입니다. 이집트의 거대한 피라미드에 묻힌 사람이든, 야산 언덕에 아무렇게나 방치된 돌무더기 아기 무덤이든 다를 것이 없습니다. 남의 조상 무덤까지 파헤치게 만드는 욕심이 얼마나 부질없는 것인지 죽은 다음에야 깨닫게 될까요?

분묘와 관련한 사건을 하나 더 살펴보겠습니다. 한 남자가 어머니를 모신답시고 설악산 국립공원에 80평이 넘는 묘지를 만들었습니다. 나무를 멋대로 베고, 굴착기로 땅을 파 묘지와 돌계단을 설치했습니다. 그곳에 머물며 삼년상이라도 치를 생각이었는지 정화조까지 묻었습니다. 이 때문에 자연공원법 위반으로 재판에 넘겨졌지만 조금도 후회하지 않는다며 버텼는데요. 결국 죄다 원상으로 복구하고 집행유예로 풀려났습니다. 어머니 묘 역시 이장했습니다.

이 남자 역시 죽음의 가르침을 엉뚱하게 해석한 것이겠지요. 떠난 어머니를 위한답시고 함께 살아야 할 많은 사람을 불편하게 만들었습니다. 살아 있는 한 어느 인간도 죽음 이후를 정확하게 알 수는 없습니다. 종교에서 가르치는, 어릴 적 동화에서 읽은, 그런 천국과 지옥이 있을 수도 있습니다. 반대로 흙에서 왔다가 흙으로 간다는 말처럼 인간의 의식이나 기억 따위는 모두 사라지고 물질의 기본 단위인 원자로 흩어질 수도 있습니다. 진실은 아무도 모릅니다. 망자를 추모하는 어떤 행위도 정말 망자를 위한 것인지조차 알 길이 없습니다.

장례, 제례를 부정하자는 말은 아닙니다. 다만 그 본질은 결국 살아 있는 사람을 위한 것일 수밖에 없지요. 남아 있는 자들이 서로를 위로하기 위해 함께 모여 통과의례를 치르는 것입니다. 삶이란 결국 살아 있는 사람들과 함께하는 것이니까요. 죽음이 부질없다는 사실을 잊지 말아야 하는 이유는 오늘의 삶에 충실하기 위해서입니다. 바니타스 정물화의 가르침대로 늘 죽음을 잊지 않는다면 부질없는 욕심으로 서로를 해치는 일이 조금은 줄어들지 않을까요?

시대를 뛰어넘는 막장 드라마

윌리엄 호가스의 〈최신 유행의 결혼〉 연작

동남아시아 출신의 아내가 결혼한 지 한 달 만에 집을 나간 사건이 있습니다. 남편은 경제적으로나 심적으로나 어려움을 겪지 않고 행복하게 해주겠다면서 혼인을 했습니다. 정도의 차이는 있겠지만 여느 부부와 크게 다를 게 없는 약속이었지요. 달콤한 신혼의 꿈에서 깨어나 결혼 이후 현실적인 벽에 부딪힌 것도 여느 부부와 같았습니다. 아내는 남편의 부모, 형과 한집에서 살아야 했고, 생활비 문제로 갈등을 겪기도 했습니다.

그녀로서는 극복하기 어려웠던 모양입니다. 함께 살기 시작한 지 불과 한 달 만에 가출했습니다. 1심과 2심은 그 정도라면 애초에 혼인할 생각이 없던 것으로 봐야 한다며 혼인이 무효라고 결정했습니다. '한 달'이라는 기간에 초점을 둔 판결이었지요. 그러나 대법원은 그렇게 보지 않았습니다. 정말 혼인할 생각으로 한국에 왔더라도 서로 간의 애정과 신뢰가 충분하지 않았기에 결혼생활을 이어 갈 수 없었다고 봤습니다. 갑작스레 달라진 언어와 문화 차이를 극복하고 이겨낼 힘을 혼인 관계에서 얻지 못했다고 판단했습니다.

'백년해로'를 약속한 사이인 부부의 연을 끊는 방법은 몇 가지가 있는데요. 결혼 이후 생긴 문제 때문에 서로 갈라서는 게 이혼입니다. 이와 달리 무효는 혼인 이전에 이미 중대한 문제가 있었기 때문에 혼인 자체가 성립되지 않는 것으로 보는 겁니다. 따라서 이혼할 경우는 가족관계등록부에 과거의 혼인 내력이 그대로 남아 있습니다. 반면에 무효는 애초에 기록 자체를 삭제합니다. 무효 결정이 나면 결혼생활을 지속하던 시기의 일들이 그 효력을 잃게 됩니다. 예를 들면 배우자라는 이유로 가진 상속 자격이 사라집니다.

이처럼 신분상 중요한 변화를 불러오기 때문에 법원은 무효 판단을 엄격하게 하는데요. 무효의 가장 대표적인 사유는 처음부터 혼인 관계를 이어 갈 의사가 없었다는 것입니다. 그런데 누군가의 머릿속에 어떤 생각이 들었는지 알기는 쉽지가 않지요. 따라서 법원은 혼인을 유지하기 위한 노력을 게을리했다거나 홧김에 "그만두자!"라는 말을 자주 했다는 사정만으로 쉽게 무효 판정을 내리지는 않습니다. 누군가의 치명적 잘못으로 결혼 이후 파탄에 이른 것이라면 이혼으로 가는 게 순리니까요. 이와 관련해 음미해 볼 작품이 하나 있습니다. 과연 이 그림 속 부부관계를 어떻게 봐야 할까요?

영국 화가 윌리엄 호가스(William Hogarth, 1697~1764)는 18세기 유럽의 세태를 풍자한 연작 그림으로 큰 인기를 끌었습니다. 무척 자극적인 내용이 인기의 비결이었지요. 우리나라에도 '막장 드라마'라고 불리는 TV 시리즈들이 있습니다. 자신도 몰랐던 출생의 비밀, 애정인지 불륜인지 헷갈리는 관계 등 저마다 비슷비슷한 내용인데 이상하게 중독성이 있다고 합니다. 그래서 욕하면서 끝까지 본다는 얘기가 나오지요. 호가스는 그런 류의 원조 격인 그림을 선보인 화가라 할 수 있습니다. 그의 대표작 중 하나가 〈최신 유행의 결혼〉 연작입니다. 이 작품은 몰락해 가는 귀족과 신흥 부자 사이의 정략결혼을 비꼰 여섯 장의 연작 그림으로 이루어졌습니다.

가장 유명한 첫 번째 그림을 보겠습니다. 맨 오른쪽 하얀 가발을 뒤집어쓰고 거만한 자세로 앉아 있는 남자가 귀족인 신랑의 아버지입니다. 갑옷을 입은 조상의 뿌리로부터 나뭇가지처럼 성장해 온 집안의 족보를 자랑스레 펼쳐놓고 있습니다. 그의 뒤편 창밖으로 신축 중인 건물이 보입니다. 완공하려면 돈이 필요한 상황이지요. 맞은편 붉은 옷의 남자가 신부의 아버지인데요. 돋보기를 들추며 뭔가 계산

윌리엄 호가스, 〈최신 유행의 결혼〉 연작

1743, 캔버스에 유화, 각각 69.9×90.8센티, 영국 런던 내셔널 갤러리

하는 모습입니다. 거액의 지참금으로 딸을 결혼시키고 신분 상승의 기회를 얻는 편이 나을지 수지타산을 따지는 중입니다.

왼편의 젊은 한 쌍이 예비 신랑, 신부입니다. 척 봐도 서로에게 관심이 없습니다. 신랑은 거울에 비친 제 모습을 다듬기 바쁘고요. 발치에 있는 두 마리의 개들 역시 무심하기만 합니다. 충성을 상징하는 반려견은 흔히 결혼생활을 상징하거든요.

그런데 아뿔싸! 신랑의 목에 커다란 점이 보입니다. 아무래도 성병에 걸린 듯합니다. 신부 역시 신랑에게 무관심하기는 마찬가지인데요. 변호사 실버 텅(Silver Tongue)이 그녀에게 착 달라붙어 뭔가를 속삭입니다. 그는 어찌나 말주변이 좋았는지 은으로 된 혀를 가졌다는 얘기를 들을 정도였답니다. 그 달콤한 혓바닥으로 얼마나 신부를 현혹했을까요?

나머지 그림의 내용은 이렇게 이어집니다. 신랑은 결혼 후 신부 집안의 돈으로 흥청망청 방탕한 생활을 이어나갑니다. 예상대로 숨겨 놓은 여자가 있고요. 신부 역시 집 안을 파티장으로 꾸며서 놀기 바쁩니다. 급기야 그녀는 변호사와 바람이 나는데요. 신랑은 밀회 장소를 급습해 칼을 휘두르다 거꾸로 변호사에게 찔려 죽습니다. 변호사는 살인죄로 교수형에 처해지고요.

마지막 그림이 너무 아픕니다. 신부마저 극단적인 선택을 하는 바람에 부부 사이에서 태어난 아이가 고아로 남습니다. 그런데 안타깝게도 아버지와 마찬가지로 목에 검은 점이 보입니다. 성병을 물려받은 것이지요.

이 결혼에 대해 어떻게 생각하시나요? 애정도 없이 이해타산만으로 혼인했으니 애초부터 무효라고 볼 수 있을까요? 법적으로는 그렇지 않습니다. 서로에게 애정이 없었다 할지라도 집안끼리 부부의 연을 맺을 의사는 분명히 있었으니까요. '정략결혼'은 지금도 엄연히 존재합니다. 당사자 사이에 그런 합의조차 없어야 무효가 됩니다. 이를테면 국적 취득을 위해 서류상 신고만 하는 경우입니다. 그 밖의 무효 사유는 가까운 친인척끼리의 혼인을 금지한 것이라 실제 발생하는 경우는 거의 없습니다.

법전에는 '사랑'이라는 단어가 혼인의 요건으로 등장하지 않습니다. 다만 부부로서 지켜야 할 의무가 네 가지 주어집니다. 함께 살고(동거), 상대방의 의식주를 보장하고(부양), 살면서 부딪히는 일들을 도와야 하고(협조), 배우자 이외 다른 사람에게 한눈을 팔아서는 안 된다는(정조) 것입니다. 애정에 따른 관심이라기보다 계약상의 의무에 가깝습니다. 반드시 지켜야 할 약속인 셈이지요. 사랑 그 이상의 엄연한 법적 행위가 결혼입니다. 어쩌면 사랑보다 무겁고 숭고한 계약이 결혼입니다. 이혼율이 날로 높아지는 지금 이 시대에 이 사실을 마음속 깊이 새긴다면 가정이 깨지는 불행이 지금보다는 줄어들지 않을까요?

외눈박이 거인의 삐뚤어진 사랑

오딜롱 르동의 〈키클롭스〉

'신당역 살인사건'이라는 이름으로 기록된 끔찍한 사건이 있습니다. 지하철 신당역을 순찰 중이던 여자 역무원이 동료였던 남자가 휘두른 흉기에 숨진 일이었지요. 수년 동안 스토킹과 협박에 시달리던 피해자는 두 차례에 걸쳐 가해자를 고소하기도 했는데요. 판결을 하루 앞두고 결국 목숨을 잃고 말았습니다.

어째서 이런 비극적인 결과를 막지 못했을까요? 여러 가지 문제점이 거론됐습니다. 첫 번째 고소 당시 경찰은 가해자를 긴급 체포하고 영장을 신청했지만 기각당했습니다. 검찰이 징역 9년을 구형할 만큼 이미 무거운 범죄를 저질렀음에도 불구하고 법원은 '도주의 우려가 없다.'라면서 풀어주었습니다. 그나마 고소 이후 처음

한 달 동안은 신변보호 조치가 잘 이루어졌습니다. 하지만 그 기간이 지나자 가해자가 폭력을 행사하지 않았고 특이사항이 없다는 이유로 종료됐습니다.

여기에 용기를 얻었는지 가해자는 이번에는 합의해 달라면서 피해자를 쫓아다녔습니다. 재판에서 가벼운 처벌을 받기 위한 조치였지요. 강요에 시달리던 피해자는 두 번째로 고소했습니다. 그런데 이번엔 경찰이 아예 구속 시도조차 하지 않았습니다. 합의 종용만으로는 구속 사유가 될 수 없다는 이유였지요. 피해자 측에서는 두 개의 고소가 별개가 아니라 계속되는 하나의 위협이었기 때문에 구속의 사유가 충분했습니다. 하지만 사법기관은 글자 그대로의 법으로만 따졌지요.

그 탓에 가해자는 자유롭게 활보하며 범죄를 계획했습니다. 같은 직장에 다닌 점을 이용해 사건 당일 피해자의 동선까지 미리 파악했습니다. 스토킹 범죄를 저지른 자가 미공개 정보에 접근하는 일조차 막지 못한 겁니다. 당시 피해자는 스마트워치 착용, 100미터 이내 접근 금지 같은 보호조치를 받고 있었지만 아무 소용이 없었습니다. 공격당한 직후 급히 지하철 역사의 비상벨을 눌렀으나 이미 때는 늦었습니다.

최근 들어 스토킹 범죄가 특히 사회문제로 떠오르고 있는데요. 현대문명이 불러온 새로운 사회적 병폐일까요? 아니면 인간 사회의 본질적인 문제가 다시 부각한 것일까요? 여기에 대한 답을 찾기 위해 상징주의 작가로 불리는 오딜롱 르동(Odilon Redon, 1840~1916)

의 작품을 한번 볼까 합니다. 르동은 신화나 종교에서 영감을 받은 그림을 주로 남겼는데요. 자신의 머릿속에서 펼쳐진 공상의 세계를 주로 선보였습니다. 비유컨대 다른 화가들이 '다큐멘터리'를 추구했다면 르동은 '공상과학(SF)'을 추구했다고 할까요. 특히 그의 전반기 작품들은 현실에서 볼 수 없는 기묘하고 독특한 형상을 흑백으로 찍어낸 판화들이 많지요. 마흔이 넘고 자식을 얻은 후에야 그의 그림들은 화사한 색깔을 입기 시작했는데 이 시기의 대표작이 〈키클롭스〉입니다.

키클롭스는 그리스 신화에 나오는 외눈박이 거인족인데요. 최고신 제우스 이전에 세상을 지배했던 족속입니다. 사람을 잡아먹기도 하는 폭력적인 성향을 지닌 일종의 괴물 집단이지요. 그중 하나가 하필 바다의 님프를 짝사랑하게 됩니다. 르동의 그림에서는 산봉우리만큼이나 거대한 모습으로 등장하는데요. 꽃들에 파묻혀 단잠에 빠진 님프를 물끄러미 바라보고 있습니다.

아무런 선입견 없이 마주한다면 하나뿐인 커다란 눈은 그다지 흉폭해 보이지 않습니다. 어딘가 슬퍼 보이기도 하지요. 얇고 붉은 입술은 미소를 띠는 것처럼 느껴지기도 합니다. 파스텔톤으로 그려진 울긋불긋한 꽃들 덕분인지 전체적으로 부드러운 분위기입니다. 하지만 그림의 느낌과 달리 이후의 이야기는 결코 아름답지 않습니다. 님프는 키클롭스에게 마음을 주지 않았습니다. 좋아하는 남자가 따로 있었거든요. 어느 날 둘이 다정히 앉아 있는 모습을 발견하고 질투에 사로잡힌 키클롭스는 남자에게 바위를 던져 죽여 버립니

오딜롱 르동, 〈키클롭스〉

1914, 패널 위에 유화, 65.8×52.7센티, 네덜란드 오테를로 크뢸러 뮐러 미술관

다. 신화라고는 하지만 기원전으로 거슬러 올라가는 스토킹 범죄의 기록인 셈이지요.

이처럼 스토킹은 신화에 나올 만큼 오래된 범죄입니다. 동서고금을 가리지 않고 지금도 누군가의 삶을 지옥처럼 만들고 있습니다. 우리나라도 20년이 넘는 사회적 논의 끝에 2021년 10월부터 '스토킹 처벌법'이 시행되고 있는데요. 첫해인 2022년 상반기만 보아도 이 법에 따라 경찰에 붙잡힌 사람이 3천 명에 가까웠습니다. 스토킹 처벌법 시행 전이었다면 얼마나 많은 사람이 고통을 당하는지 수사기관이 그 숫자조차 파악하기 어려웠을 겁니다. 법이 만들어지고 스토킹은 곧 범죄라는 사회적 인식이 퍼지면서 그나마 적극적인 신고로 이어진 것으로 보입니다.

여기서 한 가지 의문이 듭니다. 왜 진작에 그 법을 만들지 못했으며, 법을 만든 후에도 억울한 죽음을 막지 못한 걸까요? 르동의 그림에 힌트가 있습니다. 팔, 다리를 드러내기 전의 괴물처럼 스토킹 범죄는 쉽게 잘 드러나지 않습니다. 피해자에게 직접 신체적인 해를 가하거나 나쁜 짓을 하기 전의 예비단계일 때가 많기 때문이지요. 아울러 화사한 그림의 분위기처럼 스토킹을 젊은이들 사이의 지나친 애정 공세 정도로 여기는 사회 풍조도 한몫하고 있습니다. 사회 분위기가 예전보다 많이 달라졌다고 해도 이를 완전히 극복하기에는 아직도 멀었습니다.

무엇보다 피해자가 겪는 정신적 피해를 충분히 헤아릴 만큼 법이 성숙하지 못했습니다. 폭행과 협박을 당하고 심지어 목숨을 빼

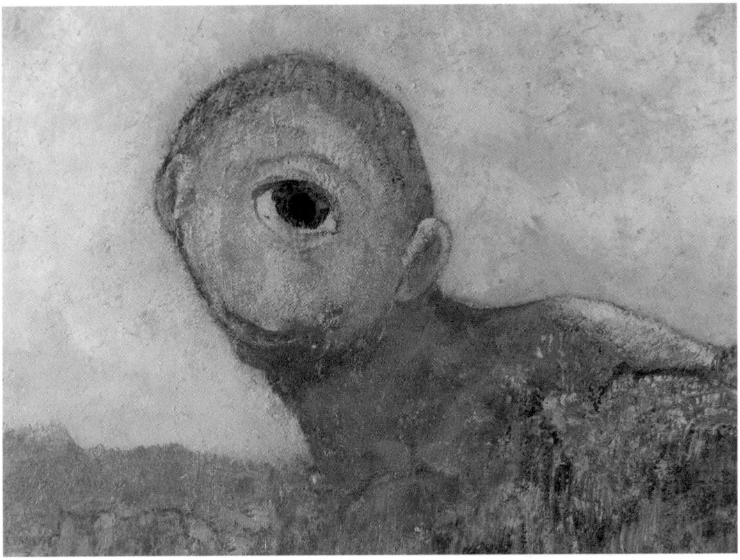

앗긴 다음에야 가해자 처벌에 나서곤 하니까요. 법이 만들어졌지만, 여전히 스토킹 그 자체만으로는 강력한 처벌을 하긴 어렵습니다. 죄에 해당하는 만큼 벌을 줘야 한다는 형사법의 근본적인 한계가 있기 때문이지요. 따라서 처벌이 능사라는 일차원적인 대응부터 바뀌어야 합니다. 형사 전문가뿐만 아니라 사회, 심리, 복지 전문가와 관련기관이 함께 머리를 맞대고 더욱 적극적인 예방 수단을 찾아야 합니다.

여기서 또 한 가지 질문을 던져봅니다. 신화는 왜 하필 키클롭스라는 외눈박이 괴물을 스토커로 등장시켰을까요? 단지 흉측한 외모 때문만은 아니라고 봅니다. 외눈박이라는 상징성의 이면에는 편견을 가진 인간이 서 있지 않을까 생각됩니다. 양쪽 눈으로 균형을 갖추는 것이 아니라 한쪽 눈으로 자신이 보고 싶은 곳에만 시선을 모으는 것이지요. 그 결과 내가 좋아하면 상대방도 내 마음을 따라야 한다는 일방통행식 사고에 갇힐 수밖에 없지요. 고대인은 그런 심리를 외눈박이라는 상징으로 표현한 것이 아닐까요? 그렇다면 이를 막는 방법 역시 단편적인 대응으로는 부족할 것입니다. 두 눈, 세 눈, 아니 주변의 수많은 눈이 수호신이 되어 똑똑히 지켜봐야 비극이 반복되는 일을 막을 수 있습니다.

불륜 남녀와 공권력의 줄타기

틴토레토의 〈비너스, 마르스 그리고 불칸〉

기혼 여성인 줄 뻔히 알면서 부정행위를 저지른 남자가 있습니다. 놀랍게도 불륜을 저지른 장소가 그녀와 남편이 사는 집이었습니다. 2015년 2월 이전이었다면 간통죄에 해당했을 텐데요. 도덕적으로 지탄받을지언정 국가가 형벌권으로 개입하는 것은 지나치다는 이유로 간통죄는 사라졌습니다.

배우자인 남편은 도저히 그냥 넘어갈 수가 없었지요. 집이란 단순한 건물 이상의 의미를 지닌 곳입니다. 고단한 하루의 피로를 풀며 지친 몸을 쉬는 곳인데 배우자의 부정이 드러났으니 더 이상 그럴 수가 없었습니다. 남편은 평온을 깨뜨린 상간남의 행위가 주거침입에 해당한다며 고소했습니다.

실제로 간통죄 폐지 이후 한동안 주거침입은 간통죄를 우회해 상간자를 처벌하는 수단으로 쓰였는데요. 이 때문에 논란이 일기도 했습니다. 간통이 더 이상 범죄가 아닌데, 그 때문에 집에 들어가는 일을 범죄로 봐야 하는지를 두고 말입니다. 목적이 어쨌든 그 집에 거주하는 또 다른 사람의 허락을 받고 들어간 것이니까요.

간통이야 둘이 좋아서 벌인 일이니 그렇다 쳐도 왜 하필 남의 집에까지 들어가 그런 짓을 벌이는지 알다가도 모를 일입니다. 이처럼 아주 능청스러운 작자들이 아주 오랜 옛날부터 존재한 모양입니다.

16세기 이탈리아 베네치아에서 활동했던 틴토레토(Tintoretto, 1518~1594)는 그리스 신화를 소재로 불륜 남녀를 풍자한 〈비너스, 마르스 그리고 불칸〉을 그렸습니다. 그림에는 사실 네 명의 신이 등장하는데요. 작품 속 인물들의 표정과 몸짓이 아주 실감납니다. 먼저 그림 중앙에 불륜을 의심하고 몸을 구부린 채 침대보를 들추는 인물이 비너스의 남편 불칸(헤파이스토스)입니다. 왼쪽에 알몸을 드러낸 비너스가 비스듬히 누워 있는데 이불을 걷어 올리며 '봐라! 아무도 없다.' 하면서 큰소리치듯 당당하게 팔을 들어 올린 모습입니다. 뒤쪽의 요람에 누운 건 그녀의 아들 에로스지요. 하지만 이게 다가 아닙니다. 숨은 그림처럼 한 명이 더 있는데요. 오른쪽 구석을 자세히 보면 마르스가 테이블 아래 몸을 감추고, 투구를 쓴 머리만 내밀고 있는 모습이 보일 겁니다. 탄로가 날까 두려워 반려견에게 짖지 말라는 듯한 눈짓을 보내고 있지요. 마르스는 명색이 '전쟁의 신'인데

틴토레토, 〈비너스, 마르스 그리고 불칸〉

1552, 캔버스에 유화, 198×135센티, 독일 뮌헨 알테 피나코테크 미술관

참 꼴불견이 아닐 수 없습니다.

이런 장면이 연출된 데는 그만한 이유가 있습니다. 늙수그레한 모습으로 그려진 불칸은 대장장이의 신입니다. 주의할 점은 지금 기준으로 대장장이라는 직업을 판단하면 안 된다는 것입니다. 신화시대의 대장장이는 아주 중요한 역할을 했는데 요즘 식으로 말하면 신들의 무기를 납품하는 군수업체 대표라고 보면 됩니다. 다만 불칸은 용모가 볼품없고 다리를 저는 장애도 있었습니다. 미의 여신인 비너스와는 정략결혼으로 맺어진 사이였지요. 비너스는 그런 결혼이 못마땅했는지 준수한 외모의 마르스와 결국 바람이 난 겁니다.

신화에서는 다른 신의 귀띔으로 불륜을 알게 된 불칸이 눈에

보티첼리, 〈비너스와 마르스〉

1485, 템페라와 유화, 69×173센티, 영국 런던 내셔널 갤러리

보이지 않는 올가미를 침대에 설치합니다. 이를 상상도 하지 못한 비너스와 마르스는 평소처럼 욕망을 나누려다가 올가미에 걸리고 맙니다. 둘은 벌거벗은 채 서로를 껴안은 모습 그대로 다른 신들의 구경거리가 되지요.

틴토레토는 올가미 사건이 일어나기 이전, 즉 의심에 빠진 불칸을 상상해서 화폭에 옮겼습니다. 아무래도 그 시절 베네치아에서는 이런 불륜이 흔했던 모양입니다. 그림 속에는 어두운 표정으로 아내의 주변을 살피는 불칸의 쓸쓸한 뒷모습이 거울에 비치는데요. 고된 노동 탓인지 구부정한 모습이 조금 안쓰럽기도 합니다.

다시 처음의 사건으로 돌아가 보겠습니다. 불칸에게 감정 이입을 한다면 남편 몰래 집에 들어온 상간남에게 주거침입죄로 반드시 벌을 주고 싶을 것입니다. 기존 대법원의 입장 또한 그랬습니다. 함께 사는 사람 중 하나가 승낙을 했더라도 다른 사람이 반대할 것으로 추정된다면 주거의 평온을 해친다고 봤습니다.

하지만 대법원은 2021년 9월 판결을 바꾸었습니다. 사건 당시 집에 있던 아내에게 들어오라는 허락을 받고 들어갔다면 주거의 평온을 깨지 않았다는 겁니다. 실제 벌어진 일을 두고 판단해야지, 막연히 남편이 알면 반대할 것이라는 가정을 바탕으로 형벌을 내릴 수 없다는 논리였지요.

판결에 대한 의견은 다양할 수 있습니다. 다만 형사 처벌을 통해 불륜에 대응하지 않겠다는 일관성은 분명해 보입니다. 간통죄가 없어진 데는 그만한 까닭이 있습니다. 죄가 성립하려면 확실한 현장 증거가 있어야 하는데요. 불칸이 덫을 놓은 것처럼 명백한 성행위 사실을 밝혀야 간통이 됩니다. 말 그대로 불륜의 '현장'을 덮쳐야 했지요. 채증을 위해 카메라를 든 경찰이 강제로 문을 따고 들이닥치곤 했습니다. 당사자들은 비명을 지르며 몸을 감추기 급급했고요. 함께 온 배우자와 머리채를 붙드는 싸움이 일어나기도 했습니다. 이게 과연 국가가 공권력을 동원해야 할 일인지 회의적일 수밖에 없었지요. 잘못은 분명하지만, 인간으로서 너무 수치스러운 일이고, 그런 일을 집행하는 수사기관 역시 못할 짓이었습니다.

과연 불륜 행위를 막는 일에 국가의 공권력을 동원해야 할까요? 비단 이 문제뿐만 아니라 국가와 개인, 그 관계를 어떻게 설정해야 할지 고민거리를 던져줍니다. 참고로 불칸의 입장을 달래줄 장치가 아예 없는 것은 아닙니다. 부정을 저지른 배우자와 상간자를 상대로 한 민사소송으로 손해배상을 청구할 수 있습니다. 다만 이는 어디까지나 개인 대 개인의 문제이고, 국가는 심판만 보는 것입니다.

자연을 바라보는 두 가지 시선

카스파르 다비드 프리드리히의 〈안개 바다 위의 방랑자〉

몽실몽실 하얀 구름이 총총하게 떠 있는 푸른 하늘, 그 아래 초록빛 대지가 아름답게 빛이 납니다. 회색 빌딩이 빽빽한 도시에서는 좀처럼 보기 힘든 풍경이지요. 모든 걸 훌훌 버리고 떠나자는 노래 가사가 저절로 떠오르는 제주도의 한 마을 풍경입니다. 정겹게만 여겨지는 그곳에서 동네 사람들이 이장을 경찰에 고소하는 특이한 사건이 벌어졌습니다.

마을의 공동소유였던 땅 때문에 벌어진 일인데요. 원래는 제주도에서 도로를 놓기 위해 확보했던 토지였습니다. 도로 건설을 마치고 보니 그 일부인 네 필지가 남았던 거지요. 제주도는 그걸 평당 16만 원가량으로 계산해 도로가 지나는 마을에 다시 매각했습니다.

환매라는 절차입니다. 마을 사람들은 이걸 공동소유로 하여 함께 관리하기로 했습니다. 이 땅에 마을회관을 지을 수도 있고, 상업 건물을 유치해서 공동의 수익원으로 삼을 수도 있으니까요.

그런데 이장이 그 땅을 자신의 아내를 비롯한 몇 명의 지인에게 덜컥 다시 팔아 버린 겁니다. 물론 이 과정에서 마을 사람들의 허락도 받지 않았지요. 매매에 필요한 총회 회의록은 위조했습니다. 문제는 가격이었는데요. 제주도로부터 사들인 가격과 똑같이 평당 16만 원만 받았습니다. 하지만 이미 도로가 뚫린 뒤라 땅값이 예전과 달랐습니다. 사건을 보도한 언론에 따르면 평당 150만 원에서 200만 원까지 훌쩍 뛰어 버렸으니까요. 이장 자신과 주변 사람들이 엄청난 차익을 누린 것 아니냐는 의심이 들 수밖에 없었지요. 성실하게 마을 재산을 관리해야 할 신의를 저버린 업무상 배임이 될 수 있는 사안이었습니다. 그래서 형사 고소와 함께 땅을 되찾기 위한 민사소송이 벌어진 겁니다.

마을 이장은 어떤 생각으로 이런 파렴치한 짓을 저질렀을까요? 어쩌면 눈앞의 이익에 더 이상 제주도의 아름다운 풍광 따위는 들어오지 않았을 겁니다. 그전까지 마을 사람들과 나눴던 정분도 깡그리 잊었을 것이고요. 그 무엇보다 차익으로 생겨날 두둑한 돈다발에 양심 같은 건 나 몰라라 저버렸을 겁니다.

제주도가 관광지를 넘어 삶의 터전으로 각광받은 건 꽤 오래전의 일입니다. 사람들이 몰리는 곳에 투자와 개발이 이루어지고 돈이 쏠리는 건 당연한 현상일 테지만 혼잡한 도시를 떠나려는 마음이 엉뚱하게도 제주를 오염시키는 일로 이어지는 건 아닌지 씁쓸합니다.

이와 관련하여 우리에게 생각할 거리를 던져주는 그림이 하나 있습니다. 19세기 독일에서 활동했던 화가 프리드리히(Caspar David Friedrich, 1774~1840)의 〈안개 바다 위의 방랑자〉입니다. 한 사내가 산꼭대기 자욱한 안개 바다를 마주한 채 서 있습니다. 그가 선 곳은 어디일까요? 저 멀리 능선과 군데군데 치솟은 암석으로 미루어봤을 때 어느 산맥의 한 자락인 듯싶습니다. 화가는 특이하게도 정중앙에 그의 뒷모습을 배치했는데요. 이 때문에 그림 속에 펼쳐진 전망을 사내와 함께 보는 듯한 느낌을 줍니다. 누군가 어딘가를 응시하게 되면 그쪽으로 시선이 따라가기 마련이잖아요.

대개의 미술 작품에서 풍경은 그 자체가 작품이 되기보다 배경 역할을 하는 경우가 많습니다. 잘된 풍경화일지라도 '멋지다!' 정도의 감흥을 불러일으키는 데 그치는 경우가 많습니다. 하지만 프리드리히의 작품에서는 좀 다릅니다. 대자연의 경이로움과 함께 슬픔과 기쁨, 외로움 같은 감정들이 전해집니다. 보는 사람을 사색적으로 만든다고 할까요? 안개 바다를 마주하고 있는 이 그림에서 관객은 사내와 함께 어떤 심경에 빠져들까요?

크게 두 가지로 나눌 수 있을 겁니다. 우선 산줄기마저 삼킨 거대한 안개 바다에 압도당하는 것입니다. 그 앞에 마주한 인간을 한없이 작아지게 만드는 자연의 위대함에 저절로 고개를 숙이는 것이지요. '방랑자'라는 제목처럼 방대한 우주 안에서 잠시 머물다 떠나

카스파르 다비드 프리드리히, 〈안개 바다 위의 방랑자〉

1818, 캔버스에 유화, 94.8×74.8센티, 독일 함부르크 미술관

는 나그네의 심정이 되겠지요. 그와는 반대로 당당하게 맞서는 인간의 의지를 느낄 수도 있습니다. 만물의 영장으로서 지배해야 할 땅으로 보는 거지요. '정복자'의 시선이라고 할까요?

둘 사이에 정답이 있을 리는 만무합니다. 자연에 대한 경외감을 가지면서 동시에 그 안에서 자신의 영역을 개척해 온 것이 인간이니까요. 어느 쪽이든 그림 속 사내의 다음 행보는 산 아래 세상으로 다시 돌아와야 한다는 겁니다. 저 자욱한 안개 바다처럼 한 치 앞을 알기 어려운 현실의 삶 속으로 말입니다. 길을 잃지 않으려면 누군가의 손을 잡아야 하고, 누군가 앞서 걸었던 길을 잘 따라가야 합니다.

시공간을 넘어 많은 사람이 더불어 함께 걷는 것이 우리네 인생길입니다. 마을 땅을 그저 금전적인 가치로만 바라본 이장의 시선이 안타까운 이유입니다. 일시적 욕심에 눈이 멀어 제주도의 아름다운 자연을 보는 법을 잊은 게 분명합니다. 함께하던 소중한 이웃조차 잃어버렸으니 다음 길을 걷기도 어렵겠지요.

사실 따지고 보면 그곳뿐이 아닙니다. 개발이라는 이름의 공룡이 땅을 침범하면 비슷한 일이 흔히 벌어지곤 합니다. 오로지 '정복자'로서 자연을 파괴하고 공동체의 삶을 짓밟게 되지요. 개발의 이익보다 중요한 것은 함께 살아가는 이웃과의 연대가 아닐까 싶습니다.

그러고 보면 법 역시 사람들끼리 손을 잡도록 돕는 일이 아닐 수 없습니다. 많은 사람이 어울리는 공동체 사회가 서로 헝클어지지 않고 앞으로 나아갈 수 있도록 도와주는 게 법이니까요. 종종 법이 잘못을 저지른 누군가를 벌주기 위해 존재한다고 여기는 사람도 있지만 그건 잘못된 시각입니다.

이장에게 배임죄를 묻는 이유는 그를 벌주는 데 목적이 있다기보다는 마을 사람들을 보호하는 쪽에 더 무게가 실린다고 봐야 합니다. 절도를 처벌해야 개인의 재산을 지킬 수 있으니까요. 신호등에 빨간 불이 켜지는 이유는 통행을 금지하기 위한 것이 아니라 초록 불이 들어온 곳으로 사람들이 질서 있게 오가도록 하기 위한 배려임을 잊지 말아야 합니다. 그것이 궁극적으로 법이 존재하는 이유입니다.

도판 소장처

제1부 | 크고 작은 사건들 속에서

프란체스코 프리마티치오, 〈미다스왕의 심판〉, 개인 소장
바실리 페로프, 〈트로이카〉, 러시아 모스크바 트레티야코프 갤러리
주세페 크레스피, 〈큐피드와 프시케〉, 이탈리아 피렌체 우피치 미술관
윌리엄 블레이크, 〈야곱의 사다리〉, 영국 런던 내셔널 갤러리
요하임 파티니르, 〈스틱스강을 건너는 카론이 있는 풍경〉, 스페인 마드리드 프라도 미술관
바르톨로메 에스테반 무리요, 〈주사위 놀이를 하는 아이들〉, 독일 뮌헨 알테 피나코테크 미술관
장 프랑수아 밀레, 〈만종〉, 프랑스 파리 오르세 미술관
장 프랑수아 밀레, 〈이삭 줍기〉, 프랑스 파리 오르세 미술관
지오토 디 본도네, 〈성전 정화〉, 이탈리아 파도바 스크로베니 성당
귀스타브 모로, 〈오이디푸스와 스핑크스〉, 미국 뉴욕 메트로폴리탄 미술관

제2부 | 명화로 세상 읽기

카라바조, 〈나르키소스〉, 이탈리아 로마 국립 고대미술관
존 에버렛 밀레이, 〈오필리아의 죽음〉, 영국 런던 테이트 박물관
자크 루이 다비드, 〈호라티우스 형제의 맹세〉, 프랑스 파리 루브르 박물관
피테르 브뤼헐, 〈장님의 우화〉, 이탈리아 나폴리 카포디몬테 박물관
레오나르도 다 빈치, 〈모자리자〉, 프랑스 파리 루브르 박물관
귀도 레니, 〈베아트리체 첸치의 초상〉, 이탈리아 로마 국립 고대미술관
올로프 요한 쇤데르마크, 〈스탕달의 초상〉, 프랑스 베르사유 궁전
존 윌리엄 워터하우스, 〈판도라의 상자〉, 개인 소장
아놀드 뵈클린, 〈메두사〉, 독일 누렘베르크 국립박물관
렘브란트, 〈사도 바울풍의 자화상〉, 네덜란드 암스테르담 국립박물관
렘브란트, 〈흰 깃털 모자를 쓴 자화상〉, 영국 내셔널 트러스트
렘브란트, 〈납작한 모자를 쓴 자화상〉, 영국 로열 컬렉션
폴 고갱, 〈식사〉 혹은 〈바나나〉, 프랑스 파리 오르세 미술관

제3부 | 세상에 길을 물을 때

존 콜리어, 〈레이디 고다이바〉, 영국 코번트리 허버트 미술관
피테르 브뤼헐, 〈바벨탑〉, 오스트리아 빈 미술사 박물관
아르침볼도, 〈정원사〉, 이탈리아 크레모나 알라 폰조네 시립미술관
아르침볼도, 〈봄〉, 스페인 마드리드 성 페르난도 왕립 미술 아카데미
아르침볼도, 〈여름〉, 오스트리아 빈 미술사 박물관
아르침볼도, 〈가을〉, 프랑스 파리 루브르 박물관
아르침볼도, 〈겨울〉, 오스트리아 빈 미술사 박물관
프란시스코 고야, 〈옷을 벗은 마하〉, 스페인 마드리드 프라도 미술관
프란시스코 고야, 〈옷을 입은 마하〉, 스페인 마드리드 프라도 미술관
에드가 드가, 〈욕조〉, 프랑스 파리 오르세 미술관
에드가 드가, 〈목욕-등을 미는 여인〉, 미국 하와이 호놀룰루 미술관
알프레드 드드뢰, 〈안락의자에 앉은 퍼그〉, 러시아 페테르부르크 에르미타주 박물관
테오도르 제리코, 〈말타기 경주〉, 프랑스 파리 루브르 박물관
피에로 델라 프란체스카, 〈우르비노 공작 부부의 초상〉, 이탈리아 피렌체 우피치 미술관
제라르 다비드, 〈캄비세스 왕의 심판〉, 벨기에 브뤼허 그루닝 박물관
앙리 루소, 〈잠자는 집시 여인〉, 미국 뉴욕 현대미술관

제4부 | 한 폭의 그림은 한 편의 드라마

벨라스케스, 〈시녀들〉, 스페인 마드리드 프라도 미술관
벨라스케스, 〈후안 데 파레하의 초상〉, 미국 뉴욕 메트로폴리탄 미술관
미켈란젤로, 〈피에타〉, 바티칸 시국 성 베드로 성당
안니발레 카라치, 〈그리스도의 죽음을 애도함〉, 영국 런던 내셔널 갤러리
윌리엄 터너, 〈전함 테메레르〉, 영국 런던 내셔널 갤러리
윌리엄 터너, 〈비, 증기, 그리고 속도〉, 영국 런던 내셔널 갤러리
장 레옹 제롬, 〈배심원 앞에 선 프리네〉, 독일 함부르크 미술관
하르먼 스틴베이크, 〈인생의 헛됨에 관한 우화〉, 영국 런던 내셔널 갤러리
윌리엄 호가스, 〈최신 유행의 결혼〉 연작, 영국 런던 내셔널 갤러리
오딜롱 르동, 〈키클롭스〉, 네덜란드 오테를로 크뢸러 뮐러 미술관
틴토레토, 〈비너스, 마르스 그리고 불칸〉, 독일 뮌헨 알테 피나코테크 미술관
보티첼리, 〈비너스와 마르스〉, 영국 런던 내셔널 갤러리
카스파르 다비드 프리드리히, 〈안개 바다 위의 방랑자〉, 독일 함부르크 미술관

※ 이 책에 수록된 도판 일부는 저작권자와 연락이 닿지 않았습니다.
저작권자 확인이 되는 경우 추후에 협의를 이어 갈 예정입니다.